FLORIAN VEIT

Selbst und ständig

Wie du als selbstständiger Handwerker

richtig mit deiner Zeit umgehst

1. Auflage

Bibliografische Information der deutschen Nationalbibliothek:

Die Deutsche Nationalbibliothek verzeichnet diese Publikation in der Deutschen

Nationalbibliografie; detaillierte bibliografische Daten sind im Internet über dnb.dnb.de abrufbar.

Verlag:

BoD · Books on Demand GmbH, Überseering 33, 22297 Hamburg, bod@bod.de

Druck: Libri Plureos GmbH, Friedensallee 273, 22763 Hamburg

ISBN: 978-3-7693-1314-7

Inhaltsverzeichnis

Danksagung

Wir leben in Zeiten, in denen wir uns daran gewöhnt haben, immer mehr zu arbeiten und immer produktiver zu sein.

Ich hätte mich dazu entscheiden können, mich abends und am Wochenende einfach auf die faule Haut zu legen und mein Leben zu genießen. Stattdessen habe ich mich entschieden, dieses Buch zu schreiben, weil ich es für dringend notwendig halte, dass dieses Wissen für jeden selbstständigen Handwerker ebenso selbstverständlich wird wie ein Zollstock.

Diese harte Arbeit konnte ich jedoch nicht einfach so bewerkstelligen. Es waren Familie und Freunde, die mich in dieser Zeit unterstützt haben. Menschen, die ich fragen konnte und die es möglich gemacht haben, dass ich dafür die nötige Zeit hatte. Es waren die Menschen, die mich immer wieder zum Weitermachen ermutigt haben, in Momenten, in denen ich das Projekt abbrechen wollte.

Und dieses Wissen, das ich habe, kam natürlich nicht vom Himmel gefallen.

Es war mein Opa, der mich vom Kindergarten abgeholt hat und mit mir den ganzen Nachmittag gewerkelt hat - mir die Liebe zum Handwerk geschenkt hat.
Es waren meine ersten Kunden, die mir eine Chance gegeben

haben und die Möglichkeit, das zu tun, was ich heute tue.

Es waren die inspirierenden Worte erfolgreicher Handwerker.

Es waren die Handwerksbetriebe, bei denen ich arbeiten durfte - auch in Zeiten, in denen eigentlich niemand Mitarbeiter einstellte.

Es waren meine Professoren, die mir ein tiefes Verständnis für die Betriebswirtschaft vermittelt haben.

Ich danke euch allen von Herzen dafür.

Aber am allermeisten, auch wenn er es heute noch nicht lesen kann, möchte ich mich bei meinem Sohn bedanken!

Denn er ist der Grund, weshalb ich all dies tue. Er ist der Grund, warum ich immer wieder aufstehe, egal wie oft ich hinfalle. Er ist der einzige Mensch, der es zu jedem Zeitpunkt schafft, mir mit nur einem Blickkontakt alle meine Sorgen zu nehmen und mir neue Kraft zu schenken.

Er ist der Grund, warum ich Attacke Handwerk als Unternehmen in der Art führen kann, wie ich es tue. Ohne meinen Sohn würde es Attacke Handwerk in dieser Form nicht geben, ebenso wenig wie dieses Buch.

Ich hoffe, du wirst dieses Buch eines Tages lesen und stolz auf deinen Papa sein.

.•❯ attacke handwerk.

KAPITEL 1

VORWORT

Vorwort

Selbstständig kommt von selbst und ständig. Das hört man immer wieder und es ist grandios, was damit alles ausgedrückt wird.

Überzeugte Arbeitnehmer erklären sich damit die Schönheit des Arbeitnehmens, da man ja nicht ständig arbeiten muss. Sie reden Menschen mit Träumen und Visionen ein, dass man sich gut überlegen solle, ob man in Zukunft selbst und ständig arbeiten wolle. Es schwimmt dabei mit, dass man sein Leben gegen ständige Arbeit tauschen müsse. Arbeit – Etwas grundsätzlich Negatives.

Sogar Selbstständige, die pausenlos von ihrem Terminkalender, Mitarbeitern und Kunden wie in einem Schubskreis drangsaliert werden, lachen über die Normalität dieser Umstände. Sie haben es sich ja ausgesucht, selbst und ständig zu arbeiten. Das hat immer ein bisschen was von Galgenhumor finde ich.

Aber ist das wirklich so? Entspricht das der Realität? Betrachten wir zunächst, was das Wort selbstständig eigentlich bedeutet.

Selbst ist klar. Es geht um dich und um niemand anderen.

Ständig kommt von „der Stand". Also das Nomen zu „stehen".

Selbstständig bedeutet, dass man für sich selbst einsteht!

Und jeder selbstständige Handwerker und auch jeder andere Mensch, der dieser Definition nachgeht, kann nur erfolgreich werden. Denn weil er für sich selbst einsteht, packt er die Probleme am Schopf und sorgt für Lösungen.

Dass du für dich selbst einstehst, hast du mir schon bewiesen. Denn du hast offensichtlich dieses Buch gekauft. Ich verspreche dir, das war eine gute Entscheidung von dir.

Nachdem du dieses Buch gelesen hast, wirst du nie wieder auf die Idee kommen, dass Selbstständigkeit von selbst und ständig kommt.

Wir bewegen uns hier insbesondere im Bereich des Zeitmanagement – wenn wir mal mit Fachbegriffen glänzen wollen. Übrigens: ich bin Handwerker und unter Handwerkern duzt man sich in meiner Welt. Ich hoffe das ist für dich in Ordnung. Dieses schlau klingende Wort „Zeitmanagement" bedeutet nichts anderes, wie man mit seiner Zeit umgeht.

Du hast jeden Morgen die komplette Entscheidungsgewalt darüber, wie viel Zeit deines Tages du Kunden, Mitarbeitern und deiner Arbeit widmest. Wenn in Summe am Ende 16 Stunden herauskommen, machst du wahrscheinlich etwas falsch.

Kunden rufen dich nur ständig an, wenn sie aufgrund deiner Versprechen eine bestimmte Erwar-

tung haben, die du durch deine Leistung nicht erfüllst.

Mitarbeiter rufen dich nur ständig an, wenn du entweder falsche oder keine Abläufe hast oder du deine Mitarbeiter nicht richtig einsetzt.

Dein Terminkalender ist nur dann prallgefüllt mit Arbeit, weil du dich mit Sachen beschäftigst, die dich als Unternehmer nichts angehen.

Das ist die Regel. Es gibt auch Ausnahmen. Finde mit Hilfe des Buchs selbst heraus, wo dein Kernproblem liegt oder nimm den Hörer in die Hand und ruf mich an.

Ich persönlich muss gut mit meiner Zeit wirtschaften. Ich bin keiner der Menschen, die einen Nine-to-Five-Job haben und ansonsten nicht wissen, was sie mit ihrer Zeit anfangen sollen.

Genauso habe ich dieses Buch geschrieben. Ich möchte, dass du unmittelbar und ohne Umschweife die Informationen von mir bekommst, die du suchst.

Ich möchte dennoch dieses Buch mit einer kleinen Geschichte beginnen:

Es gab mal einen Handwerker der sich selbstständig gemacht hat. In seiner Zeit als Angestellter war er hervorragend auf seinem Gebiet. In vielen Bereichen war er sogar besser als seine Kollegen.

Irgendwann machte er sich selbstständig und verwirklichte sich damit einen Traum. Er war auch bestens vorbereitet, denn er hatte seinen Meisterbrief und hatte sogar noch einen Fachwirt gemacht, um den betriebswirtschaftlichen Teil besser zu vertiefen. Beste Voraussetzungen also für eine Selbstständigkeit, oder?

Die Selbstständigkeit begann. An Kunden hat es nicht gemangelt, Mitarbeiter wurden auch gefunden, aber dennoch begann sich langsam, aber sicher ein Hamsterrad einzuschleichen.

Ein nicht enden wollender Prozess zwischen Mangel an Zeit, unzufriedenen Kunden, unbezahlten Rechnungen und Mitarbeitern die augenscheinlichen Pfeifen waren. So zeichnete sich irgendwann ein Bild ab, von einem Mann, der sein Traum leben wollte, aber in seinem Albtraum aufgewacht ist.

Nach wenig und schlechtem Schlaf stand er auf und es drehte sich sofort alles um das Unternehmen: Waren es die Mitarbeiter die über Tag ständig Fragen hatten oder durch Fehler Probleme produzierten oder unzufriedene Kunden, mit denen er sich ständig auseinandersetzen musste.

Am Ende des Tages fiel er erschöpft ins Bett und wachte gelegentlich schweißgebadet und unter Panik auf. Das ging von Montag bis Samstag so. Sonntags wurden dann vielleicht mal Rechnungen oder Aufträge geschrieben. Ein Privatleben gab es kaum noch.

Genießen konnte er diesen Zustand natürlich nicht. Die Ehe - wenn man das überhaupt noch so nennen konnte - zerbrach daran und wenn die Kinder mal etwas von ihm wollten, dann wurden sie abgespeist, denn das war ja gerade so viel zu tun.

Das habe ich mir toll ausgedacht, oder? Eine richtig emotionale Geschichte, aber was hat das jetzt nun mit dem Buch zu tun?

Die Geschichte geht noch weiter. Sein Sohn musste jeden Fehler selbst machen und die Konsequenzen tragen. Er musste sich alles selbst beibringen, denn er wuchs mehr oder weniger ohne Vaterfigur auf, die gerade ein junger Mann dringend braucht.

Eines Tages entschied sich dieser Junge dazu, intensiv nach Ursachen und Lösungen für diese Kindheit zu suchen. Einige Jahre später, schrieb er ein Buch darüber.

Du vermutest richtig. Ich bin ein Handwerkerkind.

Ich war das Kind, das ohne Vater aufgewachsen ist. Ich war das Kind, das Zeit mit seinem Vater verbringen wollte und immer nur in gestresste Augen geguckt hat und nahezu ein schlechtes Gewissen gemacht bekommen hat, warum es überhaupt gerade nach etwas fragt.

Ich war der Junge, der auf dem Fußballplatz gestanden hat, während alle Väter applaudierten - alle Väter außer meinem, denn der war am Arbeiten.

Ich bin ein
Handwerkerkind

Ich war der Junge, für den es ein Traum gewesen wäre, mit seinem Vater zusammen zu Werkeln, doch ich war auch der Junge, der von seinem Vater erklärt bekommen hat, warum er dafür gerade keine Zeit hat, weil gerade wieder ein Mitarbeiter Mist gebaut hat, weil er gerade Rechnung schreiben muss, weil das Finanzamt schon wieder das Konto gepfändet hat, weil gerade ein Kunde unzufrieden ist und er das erst klären muss und so weiter.

Wenn du dich als selbstständiger Handwerker gerade in dieser Person wiedergefunden hast, weil du vielleicht auch Kinder hast, begehe nicht die gleichen Fehler, sondern mach etwas dagegen. Das bist du deinen Kindern und dir schuldig!

Auch wenn du dir einbildest, dass das nur temporäre Erscheinungen sind und du ständig eine Stimme im Kopf hörst, die dir Sätze zuflüstert wie:

„Das ist ja nur, weil…"
„Das geht nur noch so lange bis…"
„Wenn das passiert, dann ist alles gut…"

Bullshit! Das sind aufgeschobene Entscheidungen!

Das machen wir, weil wir uns einbilden, dass sich schon alles von selbst fügen wird. Aber das wird es nicht. Das Hamsterrad wird sich weiterdrehen: Tag für Tag. Jahr für Jahr und irgendwann, wenn du alt und grau bist, wirst du zurückblicken und dich fragen, warum es nie aufgehört hat.

Ich habe mal ein Sprichwort aufgeschnappt. Ich weiß nicht, woher es kommt, aber es ging mir seither nicht mehr aus dem Kopf.

Ein Frosch, den man in heißes Wasser wirft, der wird sofort wieder herausspringen. Ein Frosch, den man in kaltes Wasser setzt und es langsam erhitzt, der wird darin sterben.

Ob das nun der Wahrheit entspricht oder nicht, weiß ich ehrlich gesagt gar nicht so genau. Ich finde aber die Aussage gut.

Wenn dir jemand gesagt hätte, wie dein Leben aussehen wird, bevor Du Dich selbstständig gemacht hast, wärst du dann in dieses kochende Wasser gesprungen?

Ich wette mit dir, das Wasser war für dich am Anfang kalt oder vielleicht lauwarm. Es ist erst über die Zeit so heiß geworden. Lass uns also den Herd gemeinsam aushalten, bevor du wie der arme Frosch aussiehst wie eins dieser Hähnchen in den Hähnchen-Wagen.

Zurück zum Thema.

Es gab auch Lichtblicke für mich. Denn mein Opa wurde sowas wie ein Ersatzpapa für mich. Und jeder, der einen Opa der alten Generation hat oder hatte, wird verstehen, was ich meine.

Wir waren den ganzen Tag am Werkeln und insbesondere er hat mir die Liebe zum Handwerk beigebracht. Leider gab es nur ein kleines Problem. Ich durfte weder nach der zehnten von der Schule abgehen und eine Lehre beginnen, noch durfte ich das nach dem Abi. Ich musste unbedingt studieren, denn aus mir " sollte ja schließlich einmal etwas werden". Ich habe mir diese Entscheidung aus der Hand reißen lassen - Total dumm!

Also ging es ab an die Uni – B.Sc. Bauingenieurwesen. Das einzige Problem war, dass man in diesem Studium früh ein Praktikum absolvieren musste. Also habe ich im Rahmen meines Studiums ganz offiziell Zeit auf der Baustelle verbringen dürfen.

Was soll ich sagen? Von dort an, war ich zwar offiziell Student und habe auch Prüfungen abgelegt, aber den Großteil meiner Zeit habe ich eigentlich freudestrahlend auf irgendwelchen Baustellen in irgendwelchen Handwerksbetrieben verbracht und da ging es über die Zeit Querfeld ein.

Ich wollte einfach alles sehen. Ich war bei einem Heizungsbauer. Ich war bei einer Firma die schlüsselfertige Häuser in Holzbauweise gebaut hat. Ich war bei verschiedenen Innenausbauern, bei einem Fliesenleger und auf dem Dach habe ich auch hier und mal gestanden. Es war der Himmel auf Erden!

Das Interessante in dieser Zeit war, dass es manche Betriebe gab, die quasi dauerhaft um die Nulllinie herum gekreist sind und im Prinzip dauerhaft auf der Flucht vor Rechnungen oder dem Finanzamt waren. Die Arbeitsabläufe waren chaotisch, die Kunden oftmals unzufrieden und die Chefs einfach überarbeitete, unzufriedene Menschen, denen das alles über den Kopf gewachsen ist.

Sie haben mich teilweise mit müden Augen angeguckt, wenn mal wieder etwas schiefgelaufen ist und ohne, dass sie es ausdrücken mussten, wusste ich, wie sie sich fühlen:

Sie haben sich so sehr gewünscht, dass diese Probleme alle verschwinden, aber sie haben keine Lösung dafür gefunden.

Auf der anderen Seite gab es Betriebe, die einfach wie am Schnürchen liefen und dumm gesagt Gelddruckmaschinen waren. Dort waren Chefs, die entspannt waren. Es lief alles reibungslos ab.

Die Kunden waren zufrieden, die Mitarbeiter waren zufrieden, die Chefs waren zufrieden und das Paradoxe an der ganzen Geschichte war, dass in diesen Firmen nicht schweißgebadet und gestresst gearbeitet wurde, sondern tendenziell wurde in diesem Firmen weniger gearbeitet, aber dafür ein Vielfaches mehr verdient.

Klar gab es auch da mal ein kleines Süppchen, das am Kochen war, aber das war Pillepalle im Vergleich zu den Betrieben im Überlebensmodus. Da kochte kein kleines Süppchen. Da stand gefühlt jeden Tag die Küche in Flammen.

Die Jahre vergingen und mein Leben dümpelte so vor sich her. Ich hatte den Spaß meines Lebens und war einfach zufrieden, mit dem, was ich getan habe, aber mir war auch bewusst, dass das so auf Dauer nicht weitergehen konnte.

Mit Mitte 20 musste ich also eine Entscheidung treffen! In welche Richtung soll der große Kompass meines Lebens zeigen?

Es gibt zwar Mittel und Wege, aber um im Handwerk selbstständig zu sein, hätte ich mindestens eine Ausbildung oder sogar einen Meistertitel gebraucht. Beides hatte ich nicht.

Ich liebe es auf der Baustelle zu sein. Ich liebe es, mich handwerklich zu betätigen, aber beruflich konnte ich es ohne Ausbildung nicht realisieren und was mir noch mehr Spaß gemacht hat, als mich zum Beispiel so richtig dabei auszupowern eine Wohnung zu verputzen, war das Geschäftsmodell dahinter zu verstehen. Das war die eigentliche Leidenschaft, die in mir kochte.

Also habe ich irgendwann die Reißleine gezogen, habe mein Studium abgebrochen und habe mich auf den Weg gemacht, Wirtschaftswissenschaften zu studieren, denn ich wollte ja unbedingt erfahren, was der Unterschied zwischen den beiden eben beschriebenen Handwerksbetrieben ist.

Ich wollte wissen, wie man diesen Erfolg hinbekommt. Rückblickend denke ich, dass meine Motivation verstehen zu wollen, wie man als Handwerker ohne Stress und ohne 80 Stunden Woche erfolgreich sein kann, einfach ein Schutzmechanismus ist, weil ich persönlich insbesondere als Kind sehr darunter gelitten habe.

An meiner Einstellung zum Studieren hat sich allerdings auch während dieses Studiums nicht viel geändert.

Ich war ein sogenannter U-Boot-Student. Das bedeutet, ich bin in aller Regel nur für die Klausuren in die Uni gegangen und war ansonsten auf Baustellen unterwegs.

Das klingt vielleicht jetzt erstmal entspannt, aber wenn du ein Skript von 400 Seiten quasi auswendig kennen musst, ist das schon gar nicht mehr so lustig. Insbesondere, wenn du vier Klausuren pro Semester schreiben musst. Das bedeutet, du musst es schaffen, dir über 1500 Seiten in kürzester Zeit in den Kopf zu prügeln.

Das geht nicht, ohne dass du sehr gut mit deiner Zeit wirtschaftest.

Selbst und ständig. Das höre ich so oft von selbstständigen Handwerkern, denen das Wasser buchstäblich bis zum Hals steht.

Von erfolgreichen Handwerkern höre ich das allerdings eher selten. Soll ich dir sagen warum? Es spielen viele Faktoren eine Rolle. Nicht umsonst habe ich eine ganze Buchreihe und nicht nur ein Buch geschrieben.

Die Kernprobleme, die dazu führen sind:

- **chaotische Abläufe mangels Wissen über Prozesse**
- **Probleme mit Mitarbeitern mangels Wissen über Mitarbeitergewinnung, -führung, -motivation und -bindung**
- **finanzielle Probleme mangels Wissen über Finanzen.**
  (insbesondere im Bereich Controlling)
- **Probleme die ihren Kern in mangelndem unternehmerischem Wissen haben**
- **Stress und Überlebensmodus aufgrund von mangelndem Zeitmanagement**

Vor diesem Hintergrund dachte ich, ich bin schlau und habe einen umfassenden und über 300 Seiten langen Betonklotz an Wissen in ein Buch gegossen (Das große 1x1 für Handwerker – wie du der gefragteste Betrieb deiner Region wirst).

Die Wahrheit ist nämlich, dass die meisten Probleme von selbstständigen Handwerkern auf ein Marketingproblem zurückzuführen sind. Glaubst du mir nicht? Du wirst das im Laufe dieses Buches verstehen.

Ich habe in dieses Buch dermaßen viel Wissen hineingepackt, dass jeder selbstständige Handwerker damit problemlos erfolgreich werden kann.

Das Problem ist nur: Welcher Handwerker ist sich darüber bewusst und vor allem, welcher Handwerker hat die Zeit sich so einen Trümmer hineinzuwürgen? Es kam also wie es kam: Das Buch ist gefloppt.

Die, die es gelesen haben, waren begeistert und sprachen von Inhalten, die ihr Denken und Handeln grundsätzlich verändert haben, aber so wie ich es mir vorgestellt habe; dass jeder zweite Handwerker in Deutschland irgendwann dieses Buch gelesen hat, kam es nicht.

Also habe ich mich dazu entschlossen einzelne Problemfelder separat zu behandeln. Daraus ist die Buchreihe „Erfolgskompass Handwerk" entstanden.

Du wirst hier weder mit sinnloser Theorie zugemüllt noch mit alltäglich Floskeln. Du wirst in diesen Büchern Wissen finden, was perfekt auf selbstständige Handwerker zugeschnitten ist. Kein Wort zu viel, keine Information zu wenig.

Zum besseren Verständnis und zur direkten Umsetzung gibt in jedem Buch Selbsttests und Checklisten.

Erwarte allerdings bitte nicht, dass du dich danach auf eine Bühne stellen kannst und mit einem Steuerberater oder Zeitmanager auf einer Stufe sprechen kannst. Das wäre ja Wahnsinn.

Vielmehr geht es in diesen Büchern darum, breites Wissen möglichst kompakt zu vermitteln. Die Probleme an den Wurzeln zu packen und schnell zu beseitigen. Die Bücher sind richtungsweisend – wie ein Kompass. Und wo zeigt er hin? Nicht nach Norden, sondern in Richtung deines persönlichen Erfolgs:

Ein Erfolgskompass für Handwerker.

Die erfolgreiche Buchreihe von
FLORIAN VEIT

Vom Handwerker für Handwerker

ERFOLGS KOMPASS HANDWERK

SELBST ~~UND STÄNDIG~~

Wie du als selbstständiger Handwerker richtig mit deiner Zeit umgehst

---

Die erfolgreiche Buchreihe von
FLORIAN VEIT

Vom Handwerker für Handwerker

ERFOLGS KOMPASS HANDWERK

vom Angestellten zum Selbstständigen

Wie du als Handwerker erfolgreich deine Selbstständigkeit startest

---

Die erfolgreiche Buchreihe von
FLORIAN VEIT

Vom Handwerker für Handwerker

ERFOLGS KOMPASS HANDWERK

Zufriedene KUNDEN

Wie du als selbstständiger Handwerker nie wieder unzufriedene Kunden hast

---

Die erfolgreiche Buchreihe von
FLORIAN VEIT

Vom Handwerker für Handwerker

ERFOLGS KOMPASS HANDWERK

Gewinnung ＞ Führung
MITARBEITER
Bindung ＞ Motivation

Wie Handwerksunternehmen Mitarbeiter finden und aus ihnen eine Armee machen

---

Die erfolgreiche Buchreihe von
FLORIAN VEIT

Vom Handwerker für Handwerker

ERFOLGS KOMPASS HANDWERK

~~Chaotische~~ ABLÄUFE

Wie Handwerksunternehmen durch geregelte Prozesse aufblühen

Die erfolgreiche Buchreihe von
FLORIAN VEIT

Vom Handwerker für Handwerker

ERFOLGS KOMPASS HANDWERK

RICHTIG (VER)KALKULIERT

Wie du als selbstständiger Handwerker nie mehr in finanzielle Schieflage kommst!

In aller Regel sind diese Probleme nicht unabhängig voneinander. Teilweise resultiert das eine Problem nur aus der Tatsache, dass an einem anderen Punkt ein anderes Problem besteht.

Es ist also ein Folgefehler.

Du kannst beispielsweise die besten Mitarbeiter für dich gewinnen. Wenn du sie allerdings falsch einsetzt oder sie die falschen Dinge tun, weil du chaotische Abläufe hast, dann wirst du dir einbilden, dass deine Mitarbeiter das Problem sind.

Falsch! Du als Unternehmer bist das Problem, weil du die falschen Abläufe definiert hast.

Die besten Mitarbeiter können die beste Arbeit leisten, aber der Laden kann trotzdem in finanzieller Schieflage sein, weil du als Unternehmer nicht in der Lage bist, korrekt zu kalkulieren. Damit meine ich nicht die Kalkulation einer einzelnen Baustelle, sondern die unternehmensinterne Kalkulation.

Man muss also immer das Große und Ganze sehen und das Kernproblem identifizieren. Von daher kann es sein, dass dir dieses Buch sehr viel weiterhilft. Es kann aber auch sein, dass du vielleicht nur ein Problem mit deiner Zeit hast, weil das das Symptom einer anderen Ursache ist.

Du brauchst dir aber keine Sorgen machen. Ob und welches Problem du hast, wirst du im Laufe des Buchs herausfinden. Wir beschäftigen uns später im Buch nämlich auch mit den Ursachen. Also Dinge, die erst später zu deinen Zeitproblemen führen.

Einer der Kernprobleme ist also das Zeitmanagement. Das ist deshalb so ein Problem, weil die Leute in aller Regel überhaupt nicht wissen, was das bedeutet oder wie das funktioniert.

Ich gebe dir ein Beispiel.

Unterteile mal alle Aufgaben die du über Tag abarbeitest in Kategorien.

Die eine Kategorie sind wirkliche große Entscheidungen. Entscheidungen, die definieren, wie eine Baustelle abläuft oder wie sich das Geschäftsmodell in Zukunft verändert.

Die nächste Kategorie sind kleinere Entscheidungen. Entscheidungen, die du treffen musst, weil pausenlos dein Telefon klingelt. Beispielsweise weil irgendein Mitarbeiter oder Kunde irgendetwas von Dir wissen will.

Die letzte Kategorie sind Routineaufgaben. Langweiliger Kram, der einfach gemacht werden muss.

Wenn du richtig viel Spaß an dem Test haben möchtest, dann eröffne eine weitere Kategorie, in die alle unnützen Tätigkeiten fallen. Darunter fällt das Käffchen mit Kunden oder Freunden, unnütze Telefonate oder zur Not auch das Candy Crush spielen.

Dann wertest du mal aus, mit was du dich effektiv beschäftigst. Plötzlich wird aus selbst und ständig nur noch selbst. Weil du selbst bestimmst, wie deine Firma aufgebaut ist und in welche Richtung sie läuft. Du musst dich aber nicht ständig darum kümmern.

Klingt das für dich so als wäre das weit hergeholt? Lies das Buch und du wirst verstehen, was ich meine.

Wenn du nicht mehr länger warten möchtest, kannst du mich aber allerdings auch gerne direkt kontaktieren und sprechen eins zu eins über deine aktuelle Situation und deine Probleme.

Buche dir jetzt unser kostenloses Erstgespräch

Gehe jetzt auf
www.attacke-handwerk.de

oder ruf mich durekt an unter:
0152-58096921

.:**.** **attacke handwerk.**

.•◖ attacke handwerk.

KAPITEL 2

DIE GROSSE WENDE

Die große Wende

Vielleicht gehörst du zu denen, die sich einbilden, dass der aktuelle Stress nur eine Momentaufnahme ist, weil es der Baubranche gerade nicht gut geht. Wenn sich das wirtschaftliche Klima wieder erholt, ist es ja wieder gut. Diesen Zahn muss ich dir leider ziehen!

„Die Zeiten sind grade hart und die Baubranche geht den Bach herunter." So etwas höre ich ständig. Denkst du auch so? Ist es so viel schwerer als vor 15 Jahren?

Blicke dich in deinem und vielleicht in weiteren Betrieben um, die du kennst. Bevor die Baubranche begonnen hat „unterzugehen" – wann musste man sich das letzte Mal ernsthaft Gedanken über seine Kosten und die Auftragslage machen? Der Kunde hat sowieso alles gezahlt und meldete sich von selbst. Mit anderen Worten:

Wann musste man sich das letzte Mal wirklich als Unternehmer beweisen?

Immobilienblasen sind zyklische Erscheinungen. Das war schon immer so und das wird auch wahrscheinlich immer so weitergehen. Das bedeutet, dass der Markt sich aufheizt und die Preise immer mehr in die Höhe steigen. Irgendwann platzt die Blase und die Preise sinken wieder. Das geschieht in aller Regel durch einen externen Faktor (in diesem Fall vor allen Dingen die Zinswende der EZB).

Sicherlich haben wir auch in anderen Bereichen gerade turbulente Zeiten. Atomkraftwerke werden abgeschaltet. Eine zentrale Infrastruktur für billiges Gas wird in die Luft gesprengt. Die Energiekosten explodieren. Die Industrie, auf der der Wohlstand unseres Landes aufgebaut ist, wandert ab und die Zahl der Insolvenzen schießt in die Höhe. Und dann kommt auch noch Robert mit seinem Heizungshammer um die Ecke.

Die Handwerker, die sich darüber freuen sind die HKLS-Betriebe. Gratulation zu deinem Lotto-Gewinn, falls du so jemand bist.

Es gibt mit Sicherheit tragische Einzelfälle, bei denen es anders ist, aber unter uns gesagt: Ich habe kein Mitleid, wenn aktuell Betriebe aus der Baubranche bankrottgehen. Denn viele Betriebe haben ausschließlich deshalb existiert, weil man sich bei derartigen Gewinnmargen quasi jeden Fehler erlauben konnte und weil man dachte, das geht ewig so weiter.

Du verdienst nicht mehr, wenn du mehr arbeitest.

Die erstbeste Strategie, die die meisten dann verfolgen, ist noch mehr Gas zu geben. Man arbeitet einfach mehr und am Ende wird sich schon alles fügen. Denn je mehr man arbeitet, desto mehr verdient man. Dieses Denkmuster hat seinen Ursprung in dem Gedanken Zeit in Geld einzutauschen. Für einen Angestellten mag dies auch zutreffend sein.
Doch bei einem Angestellten hat die Zeit ein Preisschild. Dem Preis stehen keine Kosten gegenüber und Fehler bezahlt der Chef.

Als Unternehmer ist es also immer wichtig sich regelmäßig zu fragen, ob das, was man tut, noch sinnig ist. Man sollte sich fragen, ob man etwas optimieren kann oder ob man Fehler macht, die man vermeiden kann.

Es ist ein ständiger Verbesserungsprozess.

Ich verstehe es, dass es die letzten Jahre bequem war, sich nicht um Marketing zu kümmern oder seine Finanzen im Blick zu haben. Teilweise war es sogar unnötig. Warum Marketing betreiben, wenn die Kunden sowieso jeden Preis bezahlen, den man aufruft? Doch wenn sich äußere Umstände ändern, ist es nicht sinnvoll mit Anlauf noch schneller gegen eine Wand zu rennen, sondern manchmal sollte man kurz durchatmen und sich überlegen, welche Lösungen es für die aktuelle Situation gibt.

Du letzten Jahren waren Glücksspiel.

Etwas, was bei diesem Absatz mitgeschwommen ist, aber nicht klar ausgesprochen wurde, ist, dass hier (strenggenommen) Glücksspiel betrieben wurde. Wenn du nicht weißt, wo deine Kunden herkommen, weshalb sie sich bei dir melden und wie es morgen doppelt so viele sein könnten, dann ist dein Umsatz dem puren Zufall überlassen. Und beim Glücksspiel hat man vielleicht mal eine Glückssträhne, doch irgendwann hat man auch mal Pech. Unternehmer sind keine Glücksspieler! Unternehmer planen, kalkulieren, verbessern, verändern, vermeiden Fehler, bauen Systeme und sorgen auf diese Art für ihr Glück.

Mundpropaganda ist schlechte Werbung.

Zu diesem Glücksspiel gehört auch die Mundpropaganda. Als Unternehmer möchtest du am liebsten alles steuern und kontrollieren. Die Empfehlungen von Kunden sorgen für neue Kunden. Da sind wir uns einig, oder? Wenn ein Kunde einen Handwerker sucht, fragt er seine Bekannten und bekommt im Optimalfall gesagt, dass er mit dir Erfahrung hat und dich weiterempfehlen kann, richtig?

Das hat allerdings einen kleinen Haken: Kannst du kontrollieren, was er erzählt bekommt? Kannst du kontrollieren, wer deinen Kunden fragt oder ob dein Kunde überhaupt antwortet? Kannst du kontrollieren, dass er nicht weitere Empfehlungen von anderen Betrieben erhält, die sich besser anhören?

Weiterempfehlungen sind ein gutes Werkzeug. Sie müssen jedoch kontrollierbar und steuerbar sein. Und das erreichen wir über gutes Marketing.

Wenn du mehr Gewinn erzielen möchtest, hör auf Kosten zu sparen.

Eine weitere Strategie ist, Kosten zu sparen. In Deutschland ist und bleibt die Arbeitszeit das teuerste Gut. Nicht umsonst verlagert Stihl zum aktuellen Zeitpunkt seine Produktion von Deutschland in das „Niedriglohnland" Schweiz.

Klar ist es verführerisch genau an diesem Punkt anzusetzen. Neue

Mitarbeiter bekommen ein Trinkgeld als Lohn. Bestehende Mitarbeiter bekommen kein Weihnachtsgeld mehr und pünktlich muss das Gehalt auch vielleicht nicht immer kommen.

Robert Bosch sagte mal, dass seine Mitarbeiter nicht so viel verdienen, weil er so viel verdient, sondern dass er so viel verdient, weil seine Mitarbeiter so viel verdienen.

Es ist doch völlig logisch, dass deine Mitarbeiter demotiviert werden und dadurch die Reklamations- und Krankheitsquote steigt. Ein Kostenfaktor, den du vielleicht noch nicht sehr stark bedacht hast. Der richtige Denkansatz ist also gerade in diesen Zeiten, die guten Mitarbeiter noch mehr zu umwerben, damit die Qualität und somit auch der Ruf der Firma, das Betriebsklima und die Stabilität der Kostenstruktur gewährleistet bleibt.

Der Kunde bezahlt die Rechnung, nicht die Baustelle.

Eine letzte schauerliche Strategie, die ich wohl am schlimmsten finde, ist die Zufriedenheit des Kunden in den Hintergrund zu stellen. Sie arbeiten so, wie sie es schon immer gelernt haben und so, wie sie es sich vorstellen. Manche treiben es auf die Spitze: Sie lügen dem Kunden das Blaue vom Himmel (Bewusst oder unbewusst), sodass er aufgrund falscher Erwartungen einen Auftrag unterschreibt und durch sein Erlebnis und seine unerfüllten Erwartungen unzufrieden ist. „Der Auftrag ist unterschrieben. Die Arbeit ist ausgeführt. Der Kunde muss zahlen, sonst geht es vor Gericht. Ich habe Recht!"

Das falsche Denkmuster dahinter ist oftmals, dass diese Betriebe denken, sie hätten einen Vertrag mit der Baustelle. Doch das ist nicht so. Die Baustelle bezahlt nicht die Rechnung. Der Kunde bezahlt die Rechnung. Ein Handwerker ist ein Dienstleister eines Kunden und sein oberstes Ziel ist die Zufriedenheit des Kunden. Der Kunde sorgt am Ende durch seine Überweisung dafür, dass die Gehälter gezahlt werden können und der zufriedene Kunde sorgt dafür, dass in Zukunft noch mehr Kunden in den Auftragsbüchern stehen.

Jedes erfolgreiche Unternehmen arbeitet exakt nach diesen Glaubenssätzen: Kundenorientierung, Mitarbeiterorientierung und Optimierungsorientierung.
Das war damals so und das ist auch heute so. Der Unterschied ist lediglich, dass die Betriebe, die nicht nach diesen Maßstäben gearbeitet haben, dennoch überlebensfähig waren. Es war chaotisch und auch gerne eine Achterbahn zwischen Streitigkeiten mit Kunden, finanziellen Hochs und Tiefs und schlechtem Betriebsklima, doch sie haben in der Regel überlebt.

Heute sind die einen Betriebe teilweise gezwungen den Markt zu verlassen, während die anderen in der Lage sind, die Turbulenzen gut auszugleichen – und damit ist größtenteils kein finanzieller Puffer gemeint.

Warum erzähle ich dir von diesen falschen Glaubenssätzen? Weil das Fundament stimmen muss! Du kannst deine Zeit optimieren, wie du willst. Wenn der Fehler tiefer liegt, bringt dir die isolierte Betrachtung dieses Themas nichts.

Ich will die Sache an dieser Stelle nicht unnötig komplex machen, denn du wirst diesen Zusammenhang mit der Zeit verstehen. Wichtig ist nur, dass du verstehst, dass wir uns gerade nicht in ungewöhnlich schlechten Zeiten befinden.

Wir haben uns nur in ungewöhnlich guten Zeiten befunden!

Zeiten, die politisch erschaffen wurden – bspw. durch die Nullzins-Politik der EZB oder Förderungen in absurder Höhe.

Es ist wieder an der Zeit die Ärmel hochzukrempeln und anzupacken! Deshalb beschäftigen wir uns erstmal ausgiebig mit dem Thema Zeitmanagement. Und wie bei jedem Problem, dem wir gegenüberstehen, beginnen wir die Gegenmaßnahme mit einem Selbsttest – so wie zu Beginn jedes Erfolgskompass-Handwerk-Buchs.

Sieh den Selbsttest bitte nicht als kleine Kritzelei oder eine Seite, die du überspringst. Wähle deine Antworten mit Bedacht und nimm dir ruhig mal eine halbe Stunde oder eine Stunde Zeit, um über das Ergebnis nachzudenken.

Stelle es ruhig auch mal in Verbindung mit deinen aktuellen Problemen. Wenn du damit fertig bist, lies weiter.

SCHNELLTEST

Wie in jedem meiner Crashkurs-Bücher machen wir zuerst eine Bestandsaufnahme mithilfe eines Schnelltests.
Es gibt nur eine Regel: **Sei brutal ehrlich zu dir selbst!**

	Ja	Nein
Arbeitest du häufig an mehreren Aufgaben gleichzeitig?	☐	☐
Fällt es dir schwer, „Nein" zu sagen?	☐	☐
Erledigst du am liebsten alles selbst bzw. würdest du es gerne?	☐	☐
Fühlst du dich von deiner Tätigkeit öfter mal gestresst?	☐	☐
Brauchst du oftmals mehr Zeit als ursprünglich gedacht?	☐	☐
Sind Pausen bei dir eher selten im Arbeitsalltag zu finden?	☐	☐
Hast du in der Regel wenig Freizeit?	☐	☐
Erledigst du wichtige Aufgaben oft abends oder am Wochenende?	☐	☐
Was trifft besser auf dich zu? Du reagierst viel (ja ankreuzen) oder du agierst viel (nein ankreuzen)?	☐	☐
Fällt es dir schwer, deine kurz-, mittel- und langfristigen Ziele zu nennen? (Sowohl beruflich als auch privat)	☐	☐
Schiebst du unangenehme Aufgaben gerne auf?	☐	☐
Fühlst du dich von deinen Terminen und Verpflichtungen oft erdrückt?	☐	☐
Hast du stets im Kopf, mit wenig Aufwand gute Ergebnisse zu erzielen?	☐	☐

Ergebnis: *(wie oft hast du „Ja" angekreuzt?)*

0 bis 4 mal: Hervorragend! Zeitmanagement scheint dir zu liegen. Ich empfehle dir, das Buch dennoch zu lesen, um weitere Optimierungsmöglichkeiten zu finden.
5 bis 9 mal: Du probierst effektiv mit deiner Zeit umzugehen, aber am Ende des Tages reicht die Zeit meistens doch nicht oder? Das Buch wird dir helfen, systematisch an die Sache ran zu gehen und die Fehlerquelle aufzudecken.
10 bis 14 mal: Du hast ein großes Problem, richtig mit deiner Zeit umzugehen. Lies dieses Buch aufmerksam und finde heraus, woran es liegt!

Warum du keine Zeit hast

Nachdem ich dich nun breit auf das Thema vorbereitet und dir die aktuelle Situation geschildert habe, möchte ich die Gelegenheit nutzen, dir noch einmal kurz zu schildern, wie wir ab jetzt das Thema behandeln werden.

Dieses Kapitel ist sozusagen der Trailer für das restliche Buch. Die letzte Kabinenansprache vor dem großen Spiel. Ein Kapitel was den Nutzen haben soll, dass Du verstehst, warum ich bestimmte Themen behandle und wie Du sie richtig in den Kontext setzt.

Um Zeitmanagement im Kern zu verstehen, musst du dir über die Ressource Zeit im Klaren sein. Was bedeutet Zeit eigentlich?

Steve Jobs, der Gründer von Apple, war es, der mal gesagt hat, dass wir nur eine begrenzte Anzahl an Dingen in unserem Leben tun können. Diese Aussage war so simpel wie richtig.

Manche Menschen leben in den Tag hinein, als wäre ihr Leben unendlich. Aber das ist nicht so. Zeit ist eine Ressource, die sehr kostbar ist. Es ist die einzige Ressource auf der Welt, die für uns nicht gleichzeitig ersetzbar oder beliebig vervielfältigbar ist. Wir müssen also sehr sorgsam mit dieser Ressource umgehen.

Zeitmanagement bedeutet nichts weiter als der Umgang mit Zeit und das ist das Ziel das Buch. Du möchtest wissen, wie du selbstständig sein kannst, ohne ständig an deine Firma gefesselt zu sein.

Wir betrachten also zunächst deine Zeit als Geschäftsführer selbst. Das bedeutet, wie du deinen unternehmerischen Alltag gestaltest und welche Methoden es gibt die dir dabei helfen deinen Tag zu strukturieren, zu optimieren und bestimmte Handlungen zu identifizieren, mit denen du dich beschäftigst. Handlungen, die du allerdings besser an jemand anderen abgeben oder gänzlich eliminieren solltest.

Damit Schaufeln wir schon mal deine eigene Zeit frei.

Diese Zeit wirst du allerdings mit großer Wahrscheinlichkeit postwendend wieder in deinen Betrieb stecken, wenn die Ursache für deine ständige Überlastung nicht dein Zeitmanagement ist.

Wir werden uns also im zweiten Teil des Buchs mit den Treibern beschäftigen, die dazu führen können.

Ich erläutere dir, welche Missstände in deinem Betrieb existieren können, die über 2 oder 3 Stationen dann zu einem Problem deines Zeitmanagements werden. Klassisches Beispiel:

Du nimmst jeden Auftrag an. Weder du noch deine Mitarbeiter haben eine Ahnung von den Arbeiten und / oder dem Material. Folge: Die Mitarbeiter sind genervt. Der Kunde ist genervt. Und dein Handy klingelt sturm.

In dem Fall hast du kein Problem mit deinem Zeitmanagement, sondern du positionierst dich falsch am Markt!

.•❚ attacke handwerk.

KAPITEL 3

DIE 15 GOLDENEN REGELN

Die 15 goldenen Regeln

Zeit ist in Handwerksbetrieben das wertvollste Gut. Die begrenzte Zeit, in der man mittels seiner Fachkompetenz Werte Schaffen kann.

Es sind zum einen die Mitarbeiter, die jeden Morgen auf dem Spielfeld stehen und deren Zeit täglich, wöchentlich und monatlich begrenzt ist. Hier liegt mithilfe des Zeitmanagements also ein großer Hebel verborgen, ob du pro Mitarbeiter 40 oder vielleicht nur 35 oder 30 Stunden pro Woche abrechnen kannst und ob ein Mitarbeiter in der gegebenen Zeit beispielsweise 100 oder 120 Quadratmeter Boden verlegt.

Wenn du die Grundregeln des Zeitmanagement, die ich dir nun erkläre, verstanden hast, kannst du dieses Know-How auch auf deine Mitarbeiter übertragen. Insbesondere geht es aber hier um dich als Inhaber und Geschäftsführer.

Diese Grundregeln, die einfach zu erlernen und zu beachten sind, führen zu deutlich besseren Ergebnissen, wenn man sie diszipliniert anwendet. Und das muss dir klar sein.

Ich kann mir hier die Finger wund schreiben und dir die besten Informationen der Welt geben. Wenn du das, was ich dir sage, nicht umsetzt, wird es nichts bringen!

Deine disziplinierte Umsetzung ist Voraussetzung!

Disziplin ist nichts, wozu man sich dauerhaft zwingen muss. Der Mensch ist ein Gewohnheitstier. Disziplin benötigen wir nur dann, wenn wir mit alten Gewohnheiten brechen und neue Gewohnheiten zur Normalität werden lassen.

Wenn sie Normalität geworden sind, bedarf es auch keiner Disziplin mehr, da es für uns ganz einfach zum Normalzustand geworden ist und du dich wie in beispielsweise diesem Fall fragen wirst, wie du bisher dermaßen chaotisch arbeiten konntest.

Wir arbeiten also nun die 15 Regeln Stück für Stück ab und nachdem wir diesen theoretischen Teil beendet haben, stelle ich dir Methoden zur praktischen Umsetzung vor.

Falls du nun auf die Idee kommst, den Theorieteil zu überspringen und direkt mit der Praxis zu starten – kleiner Tipp von mir: Vergiss es!

Notizen machen

Unerledigte Informationen, Aufgaben und Ideen dürfen nicht vergessen gehen. Das ist klar, oder? Wenn diese allerdings pausenlos in unserem Kopf herumschwirren – auch unbewusst – drosseln wir dauerhaft unser Gehirn. Wir fahren im Prinzip nur noch auf Halbgas.

Kennst du das? Du sitzt vormittags im Büro. Du bist top motiviert, keiner ruft an, keine Mails kommen rein, keine Musik läuft. Du hast mal für zwei oder drei Stunden Ruhe.

Überlege mal wie viele Arbeiten du in diesem Fall erledigt bekommst und wie viel du in der gleichen Zeit abends erledigt bekommst.

Wir nehmen über Tag dermaßen viel Informationen auf, dass unser Hauptrechner (unser Gehirn) irgendwann überladen ist. Deshalb sinkt unsere Produktivität über Tag. Den gleichen Effekt hast du mit unerledigten Informationen, Aufgaben und Ideen.

Du bekommst nichts davon mit, aber sie schwirren dauerhaft in deinem Schädel herum.

Vom Chaos zur Ordnung

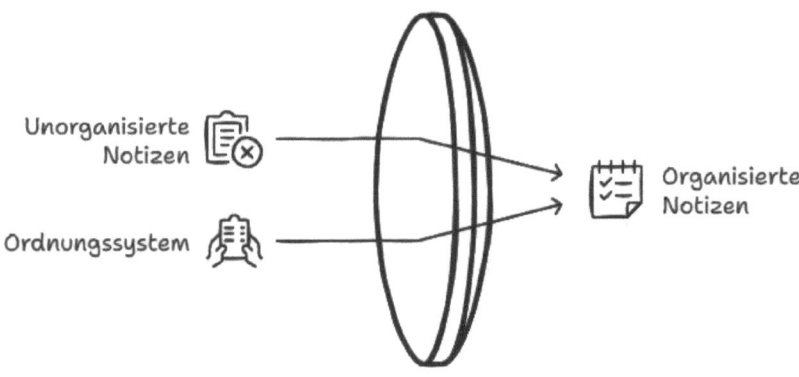

Mache an dieser Stelle den Selbsttest. Nimm dir eine Aufgabe, von der du relativ genau einschätzen kannst, wie lange sie dauert – am besten mit einer Dauer von 2 bis 3 Stunden.

An dem einen Tag arbeitest du einfach drauf los. An dem anderen Tag schreibst du vorher alle Aufgaben und Ideen auf, die du in deinem Kopf hast und beginnst wieder mit der Aufgabe. Du wirst merken, dass du deutlich schneller bist und die Aufgabe deutlich einfacher von der Hand geht.

Wichtig ist, eine Struktur bei den Notizen zu haben. Sie sollten an einer zentralen Stelle sein und derartig strukturiert sein, dass du dich nicht jedes Mal erst eine Stunde in deinen Chaosberg hereindenken musst, bis du die Notiz gefunden hast, die du suchst.

Ziele setzen

Vielleicht klingt das sehr simpel oder vielleicht klingt das wie etwas, was doch eigentlich nichts mit Zeitmanagement zu tun hat. In Wahrheit ist das Setzen von Zielen ein unfassbarer Hebel in Bezug auf unser optimales Zeitmanagement.

Wenn wir uns klare Ziele setzen, wissen wir, was wir bis wann erreicht haben wollen bzw. sollen und uns fallen Entscheidungen automatisch leichter.

Wir gehen ganz anders an Aufgaben heran, wenn wir durch unsere Zielsetzung wissen, dass wir nur ein bestimmtes Zeitfenster für die Aufgabe haben. Wir verlieren uns nicht in unnötigen Details.

Wir können deutlich besser einschätzen und abwägen, welche Aufgaben vorrangig gegenüber anderen Aufgaben sind und welche vielleicht gänzlich unnötig sind.

Wenn wir einfach so in den Tag hineindümpeln, und einfach eine Aufgabe nach der anderen abarbeiten, die uns auf den Schreibtisch fällt, dann führt das zu zwei Effekten:

Der erste Effekt ist, dass wir wirklich jede Arbeit machen und deshalb ein Großteil der Zeit für unnötige Arbeiten aufgebracht wird. Der zweite Effekt ist, dass wir viel zu lange für Arbeiten brauchen. Der Stresslevel steigt und am Ende eines Tages, an dem wir zehn bis vierzehn Stunden beschäftigt waren, haben wir effektiv Dinge erledigt, die wir wahrscheinlich auch in drei oder vier Stunden hätten erledigen können.

Es ist also fundamental tägliche, wöchentliche, monatliche und jährliche Ziele zu setzen. Aus den Zielen resultieren zwangsläufig die Aufgaben, die zur Zielerreichen notwendig sind und die Planung, wann und wie diese Aufgaben erledigt werden müssen.

Aber Vorsicht: Nicht jedes Ziel ist gleich ein Ziel!

„Ich will erfolgreich werden" oder „Ich will mehr Freizeit" ist kein Ziel – zumindest nicht unmittelbar.

Was ist denn erfolgreich? Was ist denn Freizeit? Wie viel Freizeit ist „mehr Freizeit"? Wenn du schwammigen Phrasen hinterherdackelst, dann wirst du diese „Ziele" niemals erreichen. Wie auch? Wer sagt dir denn, wann du am Ziel bist und wie du überhaupt da hinkommst? Dein Navi sagt dir auch nicht den Weg, wenn du eintippst „Ich will in den Urlaub".

Ein gutes Ziel hat fünf Charaktereigenschaften:

SMART-Zieleigenschaften

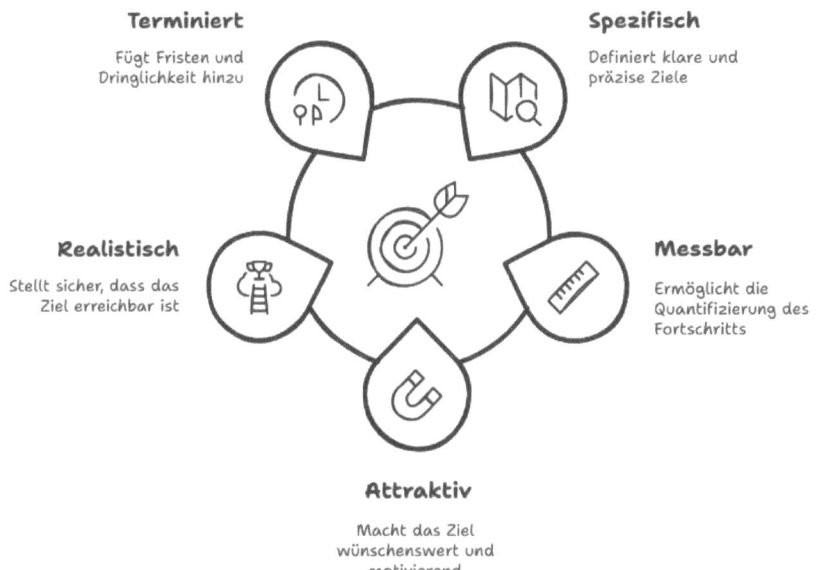

Terminiert
Fügt Fristen und Dringlichkeit hinzu

Spezifisch
Definiert klare und präzise Ziele

Realistisch
Stellt sicher, dass das Ziel erreichbar ist

Messbar
Ermöglicht die Quantifizierung des Fortschritts

Attraktiv
Macht das Ziel wünschenswert und motivierend

Ein Ziel sollte **spezifisch** formuliert sein, um klar zu definieren, was genau erreicht werden soll.

Es sollte **messbar** sein, sodass der Fortschritt überwacht und bewertet werden kann.

Es sollte **attraktiv** sein, sodass du auf dem Weg zum Ziel demotiviert bist. Warum benötigst du das Ziel? Warum willst du es erreichen. Diesen Hebel unterschätzen sehr viele!

Zudem sollte ein Ziel erreichbar sein, damit es **realistisch** umgesetzt werden kann. Es ist wichtig, dass die Ziele realistisch sind, um Frustration und Enttäuschung zu vermeiden.

Zuletzt sollte ein Ziel **terminiert** sein, um einen klaren Zeitrahmen für die Zielerreichung festzulegen.

Durch diese Eigenschaften wird ein Ziel klar definiert und die Wahrscheinlichkeit, es auch tatsächlich zu erreichen, erhöht. Das ist die sogenannte SMART-Regel (Spezifisch, Messbar, Attraktiv, Realistisch, Terminiert).

Prioritäten setzen

Prioritäten sind dem Grunde nach erstmal nichts anderes als Entscheidungen, die wir treffen. Wir entscheiden für jede Aufgabe, wie dringend sie ist und wie wichtig sie ist.

Wenn wir uns sowohl über die Dringlichkeit als auch über die Wichtigkeit einer Aufgabe bewusstwerden, entscheiden wir uns automatisch für eine bestimmte Abarbeitungsreigenfolge.

Gerade wenn man erst damit anfängt, kann das recht nervig sein. Du wirst allerdings schon nach kurzer Zeit merken, dass diese Denkweise ein Automatismus wird, über den du überhaupt nicht mehr nachdenken musst.

Jedes Mal, wenn du etwas tust, fragst du dich, ob es wichtig ist und ob es dringend ist. Je nachdem wie du es einschätzt, beginnst du mit der Abarbeitung bzw. ordnest es in die Reihenfolge ein. Der wahre Mehrwert dieser Regel liegt aber an einer anderen Stelle.

Frage dich einfach, wie oft du dich schon mit unwichtigem Kram vor den wichtigen Aufgaben gedrückt hast. Mit dieser Denkweise schützt du dich selbst davor. Später werde ich dir die praktische Umsetzung dieser Methode nochmal detailliert darstellen.

To-Do-Liste

To-Do-Listen sind ein effektives Werkzeug, um den Überblick über anstehende Aufgaben zu behalten und sich organisiert zu fühlen. Sie bieten eine Struktur für den Tag, helfen bei der Priorisierung von Aufgaben und tragen dazu bei, produktiver zu sein.

Sie sind also sowohl die Grundlage für die Priorisierung als auch später für das Ergebnis nach der Priorisierung.

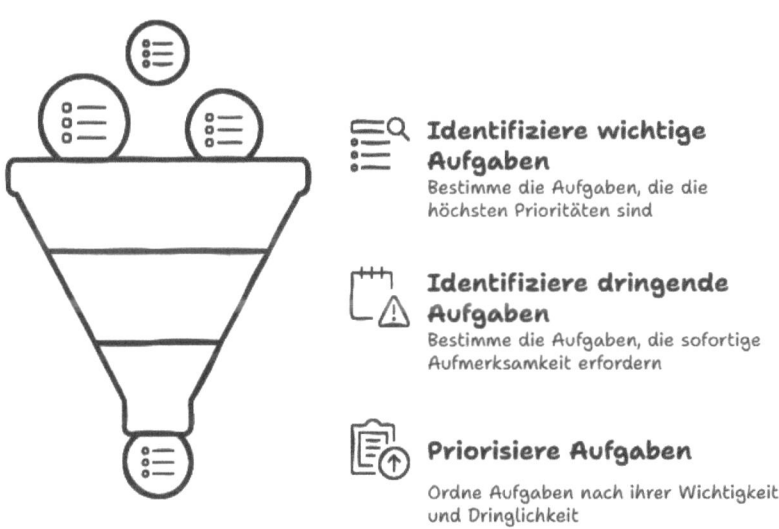

Aufgabenpriorisierungstrichter

Identifiziere wichtige Aufgaben
Bestimme die Aufgaben, die die höchsten Prioritäten sind

Identifiziere dringende Aufgaben
Bestimme die Aufgaben, die sofortige Aufmerksamkeit erfordern

Priorisiere Aufgaben
Ordne Aufgaben nach ihrer Wichtigkeit und Dringlichkeit

Eine gut strukturierte To-Do-Liste sollte alle anstehenden Aufgaben enthalten: sortiert nach Wichtigkeit und Dringlichkeit.

Durch das Aufschreiben der Aufgaben wird der Geist entlastet und es besteht weniger Gefahr, etwas zu vergessen. Zudem hilft das Abhaken der erledigten Aufgaben dabei, ein Gefühl der Erfüllung und Zufriedenheit zu erlangen.

Es ist wichtig, realistische Ziele zu setzen und nicht zu viele Aufgaben auf einmal anzuhäufen. Überforderung kann schnell zu Frustration führen und die Motivation beeinträchtigen.

Es empfiehlt sich, die To-Do-Liste regelmäßig zu überprüfen und gegebenenfalls anzupassen, um flexibel auf Veränderungen im Zeitplan reagieren zu können.

Es sollte mehrere To-Do-Listen geben.

Eine To-Do-Liste mit allem, was ansteht. Aus dieser To-Do-Liste filterst du dir deine To-Do-Listen für den Tag, die Woche, den Monat und das Jahr. Das gibt dir ein Gefühl der Kontrolle über die eigenen Aufgaben und du schaffst es, Termine zu bewahren.

Nicht zuletzt sollten in einer To-Do-Liste auch Belohnungen oder kleine Erfolge festgehalten werden, um sich selbst zu motivieren und eine positive Einstellung zum Erledigen der Aufgaben zu fördern. Am besten ist es, wenn du die Aufgaben mit Zeitblöcken versiehst. Also wenn du festlegst, wann die Aufgaben erledigt werden und wie lange sie dauern dürfen.

Not-To-Do-Liste

Eine „Not-To-Do-Liste" ist eine Liste von Aktivitäten oder Gewohnheiten, die du bewusst vermeiden möchtest, um produktiver, effizienter oder glücklicher zu sein.

Durch das Festhalten an einer solchen Liste kannst du negative Gewohnheiten erkennen und aktiv dagegen angehen. Die Vorteile einer „Not-To-Do-Liste" liegen darin, dass sie dir hilft, deine Zeit und Energie auf die wichtigen Aufgaben zu konzentrieren, Ablenkungen zu minimieren und schlechte Gewohnheiten zu überwinden.

Sie wird dazu beitragen, deinen Stress zu reduzieren und Prioritäten klarer zu erkennen und zu setzen.

Allerdings besteht die Gefahr, dass eine zu lange „Not-To-Do-Liste" überfordernd wirken kann oder du dich zu sehr auf das Vermeiden von bestimmten Aktivitäten fokussierst, anstatt dich auf positive Verhaltensänderungen zu konzentrieren.

Es ist daher wichtig, die Liste regelmäßig zu überprüfen und anzupassen, um sicherzustellen, dass sie dir tatsächlich dabei hilft, deine Ziele zu erreichen.

Schnell entscheiden

Deutsche lieben es zu planen. Wir machen Pläne von Plänen, um Pläne zu planen. Und um das Ganze zu machen, planen wir, wann wir mit der Planung unserer Pläne anfangen und planen, was zu dieser Planung notwendig ist.

Wenn die Erledigung einer Aufgabe eine Stunde in Anspruch nehmen wird, kann der Deutsche diese Aufgabe fünf Stunden lang planen und blickt stolz auf den herab, der für die gleiche Aufgabe zwei Stunden benötigt hat oder 2 Fehler dabei gemacht hat.

Klingt nach einem Widerspruch zu dem Abschnitt mit der Zielsetzung, oder? Nicht ganz.

Wenn wir klare Ziele setzen und die Aufgaben dorthin planen, spart dies Zeit. Hier ist die Rede davon, dass die sogenannte Planung in diesem Moment ein Aufschub der Entscheidung ist. Wir neigen dann dazu, unnötige Aufgaben zuerst zu erledigen oder uns durch ewige Planung ein gutes Gefühl zu geben, die richtige Entscheidung zu treffen.

Wolfgang Grupp, einer der ikonischsten Unternehmer Deutschlands, sagte mal, dass er Entscheidungen sofort trifft und nichts aufschiebt. Wenn er durch neue Erkenntnisse eine andere Entscheidung treffen würde, dann korrigiert er seine Entscheidung.

Wenn du fünf Entscheidungen zu treffen hast und diese zum Beispiel durch „Planung" vor dir herschiebst, schiebst du auch automatisch wie ein Schneeschieber die Folgeaufgaben der Entscheidungen vor dir her und die Probleme, die daraus resultieren.

Am Ende wird der Schneehaufen immer größer und du bist nicht mehr in der Lage auch nur einen Schritt vorwärtszugehen. Simpler wäre es gewesen, wenn du alle paar Schritte den Schnee zur Seite geworfen hättest.

Der gängige Einwand, den man sich gerne selbst erzählt, dass man nochmal darüber nachdenken müsse, ist Quatsch. Du bekommst bis morgen oder nächste Woche keine neuen Erkenntnisse und an der Situation wird sich auch nichts ändern.

Du schiebst die Entscheidung einfach nur auf oder hoffst, dass sie ein anderer für dich übernimmst. Und wenn das passiert, stehst du in einer Woche entweder vor einem Haufen Probleme oder jemand anderes hat womöglich die falsche Entscheidung für dich getroffen.

Merke also: Triff Entscheidungen wohlüberlegt, aber dennoch möglichst schnell und vor allem sofort.

Große Aufgaben in kleine aufteilen

Große Aufgaben in kleine aufzuteilen ist ein sehr gutes Werkzeug für den Fall, dass du vor einer großen Aufgabe stehst, die erstmal unüberwindbar groß erscheint und wirkt, als ob sie nicht zu schaffen wäre.

Das kann einen sehr schnell demotivieren, für Chaos im Kopf sorgen und dazu führen, dass man den Schneeschieber macht – also die Aufgabe einfach vor sich herschiebt.

Hier wendest du die Salami-Taktik an.

Du zerschneidest also eine große Aufgabe in viele kleine Aufga-

Die Salami-Taktik zur Aufgabenbewältigung

Große Aufgabe identifizieren

Aufgabe in kleinere Teile zerlegen

Kleinere Aufgaben anordnen

Erste kleine Aufgabe ausführen

Nächste kleine Aufgabe ausführen

Letzte kleine Aufgabe ausführen

Große Aufgabe abgeschlossen

ben. Die kleinen Aufgaben sortierst du und arbeitest sie dann nach deiner festgelegten Reihenfolge ab.

Eine große Salami steckst du dir ja auch nicht auf einmal in den Rachen – du bist ja kein Pornostar. Du zerschneidest sie in viele kleine handliche Scheiben und genießt sie.

Indem wir aus einer großen Aufgabe viele kleine Aufgaben machen, stehen wir also plötzlich nur noch vor einer kleinen Aufgabe, die wir erledigen müssen und danach vor der nächsten und so weiter.

Wir können dadurch also deutlich strukturierter vorgehen und die Erledigung der Aufgabe fühlt sich wesentlich einfacher an.

Bei einer Kernsanierung überlegen wir uns ja auch nicht beim Abriss, wie wir im Bad nun die Unterkonstruktion, die Leitungen, die Rigipsplatten, den Uniflott, den Fliesenkleber, die Fliesen, den Fugenmörtel und die Drückerplatte auf einmal an die Wand bringen.

Wir machen den Aufbau Stück für Stück. Erst wenn das eine erledigt ist, beginnen wir mit dem anderen.

Abschottung und Monotasking

Du musst dir Zeit für konzentriertes Arbeiten einplanen. Es hilft dir nichts, wenn du von morgens bis abends ein Spielball externer Einflüsse bist. Wenn du so arbeitest, ist es klar, dass dir abends die Ohren klingeln und du nicht mehr weißt, wo oben und unten ist, ohne dass du wirklich etwas auf die Beine gestellt hast.

Schaffe dir Zeitfenster, in denen du sämtliche Ablenkungen und Zeitfresser auf ein Minimum herunterschraubst und mit maximaler Konzentration an Aufgaben herangehst.

Dazu gehört in der heutigen Zeit vor allem das Handy in die Ecke zu legen!

Die Abschottung folgt dem gleichen Prinzip wie das Monotasking. Monotasking ist das Gegenteil des Multitasking. Wenn du zwei, drei oder mehrere Aufgaben parallel machst, bist du immer langsamer, als wenn du die Aufgaben konzentriert nacheinander abarbeitest.

Soweit die Theorie! In der Praxis ist das oftmals nicht ganz so einfach. Das ist klar. Wichtig ist vielmehr der Versuch, Abschottung und Monotasking so oft und gut wie möglich umzusetzen.

Das bedeutet nicht, dass du nicht ans Handy gehen sollst, wenn ein Mitarbeiter eine schnelle und dringende Entscheidung von dir benötigt. Man kann beispielsweise mit den Mitarbeitern absprechen, dass Anliegen ohne Dringlichkeit per Whatsapp kommuniziert werden und dringende Anliegen per Anruf erledigt werden. In der Realität führt dieser Denkansatz sogar meistens zu einem schönen Nebeneffekt:

Du machst dir dadurch nämlich im Vorfeld Gedanken darüber, was du unter „dringendem Anruf" verstehst. In aller Regel führt dies dazu, dass du im Rahmen dessen die Gründe für dringende Anrufe eliminierst, weil du dir erstmals ernsthaft Gedanken über die Gründe solcher Anrufe machst.

Merke: Widme dich konzentriert einer Aufgabe nach der anderen und eliminiere während dieser Zeit möglichst alle Störfaktoren.

Keine lange Bank vs. Aufschieben

Wir sind wieder bei dem Schneeschieber-Effekt. Gerade Aufgaben, die für uns unangenehm sind, schieben wir gerne auf die lange Bank. Das liegt vielleicht auch ein Stück weit in der Natur des Menschen. Wir beschäftigen uns natürlich lieber mit Dingen, die uns Spaß machen.

Allerdings bleibt jede aufgeschobene Aufgabe irgendwo in unserem Hinterkopf und erhöht damit (zu Recht) systematisch unser Stresslevel und führt zu einer Belastung, die unsere grundsätzliche Effektivität einschränkt.

Gib deinem Schweinehund also keine Chance und erledige Aufgaben (Kategorie: dringend und wichtig) möglichst sofort.

Eine kleine Regel, die man ganz einfach in seinen Alltag integrieren sollte, ist die „Zwei-Minuten-Regel".

Alles, was unter zwei Minuten dauert, erledigt man sofort, und zwar ohne Kompromisse.

Manchmal geht man tatsächlich buchstäblich in Arbeit unter und ohne einen zeitlichen Aufschub bestimmter Termine oder Aufgaben geht es einfach nicht mehr.

Erinnere dich hierbei ganz klar an die Charaktereigenschaften Dringlichkeit und der Wichtigkeit. Man schiebt unter gar keinen Umständen wichtige und dringliche Aufgaben auf.

Erst wenn man priorisiert hat, weiß man, welche Aufgaben oder Termine aufgeschoben werden können und können dementsprechend aufgeschoben werden.

In dieser Situation findest du dich vielleicht aktuell noch sehr häufig wieder. Nach einer gezielten und systematischen Priorisierung deiner Aufgaben, wirst du allerdings merken, dass du zunehmend seltener in solche Situationen kommst.

Nein sagen

Das Wörtchen „Nein" ist eigentlich ein sehr unscheinbares Wort. Vier Buchstaben, die zusammen eine Silbe bilden und dennoch haben sehr viele Menschen ein Problem damit, ein klares „Nein" auszusprechen.

Nun kann man dort sehr viel herausinterpretieren und Situationen, in denen man „Nein" sagen sollte und „Ja" sagt, von sämtlichen Blickwinkeln aus beleuchten, doch aktuell betrachten wir das „Nein" nur im Kontext des Zeitmanagements.

In diesem Kontext bedeutet jeder Moment, in dem man „Nein" sagen müsste, aber es nicht tut, eine neue Verpflichtung oder eine neue Aufgabe, die man sich aufbürdet.

Ein simples „Nein" führt also zu Entlastung und zu mehr zeitlicher Freiheit.

Gerade wenn die Leute es gewohnt sind mit dir Bullshit-Bingo zu spielen und jeden Mist, über den sie keine Lust haben nachzudenken oder den sie nicht selbst erledigen wollen schubkarrenweise vor deiner Tür abladen, werden am Anfang genervt sein. Das ist eine Übergangsphase und ganz normal.

Das macht dich weder zu einem Arschloch noch zu einem schlechten Menschen. Wichtig ist, dass du dir in diesem Zusammenhang grundsätzlich über deine Rolle im Unternehmen im Klaren wirst und grundsätzlich hinterfragst, welche Aufgaben und Verpflichtungen in deinen Zuständigkeitsbereich gehören.

Plötzlich wird es dir immer einfach fallen auf Knopfdruck zu bestimmten Aufgaben oder Verpflichtungen „Nein" zu sagen und dich in bestimmten anderen Situationen den Aufgaben anzunehmen.

Alleine die Kunst des „Nein-Sagens" wird vor allem bei denen zu sehr viel mehr Entlastung führen, bei denen über Tag dauerhaft das Telefon klingelt und Mitarbeiter am Hörer sind, die aufgehört haben zu denken oder dadurch selbst vor unangenehmen Aufgaben weglaufen wollen.

Warum fällt uns das „Nein" so schwer oder warum gleitet uns sein „Ja" so leicht über die Lippen. Die Antwort ist recht simpel. Wenn deine Aufgaben einfach ein ungeordneter und unpriorisierter Berg sind, dann interessiert dich nicht, wenn jemand noch eine Aufgabe draufwirft. Du sagst also „Ja, kann ich machen".

Wenn du deine Aufgaben sofort in wichtig und dringlich unterteilst, und sie versehen mit einem Zeitblock in deinen gedanklichen Zeitstrahl einordnest, sieht das anders aus.
Du wirst zu den meisten Aufgaben kategorisch und vor allem automatisch „Nein" sagen, weil sie beispielsweise nicht wichtig und dringend sind.

Eine der wichtigsten Regeln des Zeitmanagements: Lerne „Nein" zu sagen!

Nicht immer perfekt

Handwerker in Deutschland lieben es Arbeiten zu 110% abzuarbeiten. Wenn wir von „Nicht immer perfekt" sprechen, reden wir keinesfalls davon, dass an der Qualität der Arbeit gespart werden soll.

Vielmehr liegt der Fokus hier darauf, dass man sich gerne in Details verliert, die am Ende des Tages keinen wirklichen Nutzen erzeugen. Es ist in diesen Fällen tendenziell eher der eigene Perfektionismus, der Unmengen an Zeit kostet.

Man muss zum Beispiel keine Wand Q4 spachteln, wenn danach 2mm Scheibenputz aufgezogen wird. Löcher für Spots müssen nicht 3 Stunden lang auf den Zehntel Millimeter genau ausgemessen werden. Wasserleitungen müssen nicht in perfekter Geometrie in einem Trockenbaukasten sitzen.

Viele Tätigkeiten verlangen keine Perfektion und ein „gut" reicht vollkommen aus. Hier ist wieder die Frage nach der Wichtigkeit.

Ich hatte mal den Fall eines Fliesenlegers, der handwerklich eine super Leistung erbracht hat. Er hat alles mit dem Laser gebaut und hat auf jedes noch so kleine Detail geachtet.

Problematisch daran war nur, dass er für den Trockenbau und die Fliesen in einem 10 Quadratmeter großen Standard-Badezimmer sagenhafte sechs Wochen gebraucht hat. Er hätte es auch in zwei

Wochen schaffen können, wenn er ein paar Prozent weniger perfektionistisch gearbeitet hätte. Genau so sieht man es in vielen Bereichen – egal wo man hinsieht.

Merke: Aufgaben werden so gut wie nötig und mit dem geringsten Aufwand erledigt.

Hier solltest du auch das Pareto-Prinzip im Hinterkopf haben – die 80/20-Regel. Mit 20% des Aufwandes erledigt man 80% der Arbeit.

Gleiche Aufgaben im Block

Gleiche Aufgaben im Block abzuarbeiten bedeutet, dass man gleichartige Tätigkeiten zusammenlegt und nacheinander oder sogar (teilweise) gleichzeitig erledigt. Beispielsweise erledigt man nacheinander drei anstehende Telefonate oder man räumt sich jeden Tag einen bestimmten Zeitblock für Routineaufgaben oder wichtige Aufgaben frei. Dies bietet zwei signifikante Vorteile:

Erstens: Wenn man mehrere gleichartige Dinge nacheinander abarbeitet, muss man sich in aller Regel **nur einmal in den Sachverhalt hereindenken**. Oder es benötigt die gleichen Vorbereitungen in Bezug auf Unterlagen oder Arbeitsmaterial. Man ist also schneller, weil man **nur eine Vorbereitungszeit** hat.

Zweitens: Oftmals entstehen zwischen verschiedenartigen Aufgaben gewisse **Pufferzeiten**. Man kann das eine erst zu einem Zeitpunkt x beginnen und ist schon 15 Minuten vorher mit der anderen Sache fertig. Wenn dies sechs Mal am Tag passiert, sprechen wir bereits von 1,5 Stunden, die verloren gegangen sind.

Ein weiterer wichtiger Aspekt ist in diesem Zusammenhang die Tageszeit und die **Leistungsfähigkeit**.

Es ist kein Geheimnis, dass wir und vor allem unsere Gehirne und unser Körper morgens leistungsfähiger sind als abends.

Wichtige Aufgaben sollte man also tendenziell morgens erledigen. Jeder hat sich vielleicht schon einmal dabei erwischt, dass er für die gleiche Aufgabe morgens eine Stunde gebraucht hat, für die er abends eher zwei oder sogar drei Stunden braucht.

Es gibt allerdings auch bestimmte Aufgaben, die durch andere Personen oder Institute an bestimmte Tageszeiten geknüpft sind. Es gibt Routineaufgaben, bei denen die Hälfte der Gehirnkapazität reicht – diese müssen nicht direkt morgens erledigt werden.

Vor allem kann man bestimmte Aufgaben gezielt zu bestimmten Uhrzeiten einplanen und die Mitarbeiter sind irgendwann darauf programmiert, zu bestimmten Zeiten nur im absoluten Notfall anzurufen.

Außerdem wirkt der Tag damit für unsere Psyche deutlich geordneter und obwohl wir das doppelt so viele Aufgaben erledigt haben, fühlt es sich nur halb so stressig an.

Die Eat-the-Frog-Methode ist eine Zeitmanagement-Technik, die darauf abzielt, unangenehme oder schwierige Aufgaben zuerst zu erledigen, um den Rest des Tages mit mehr Leichtigkeit und Effizienz zu bewältigen.

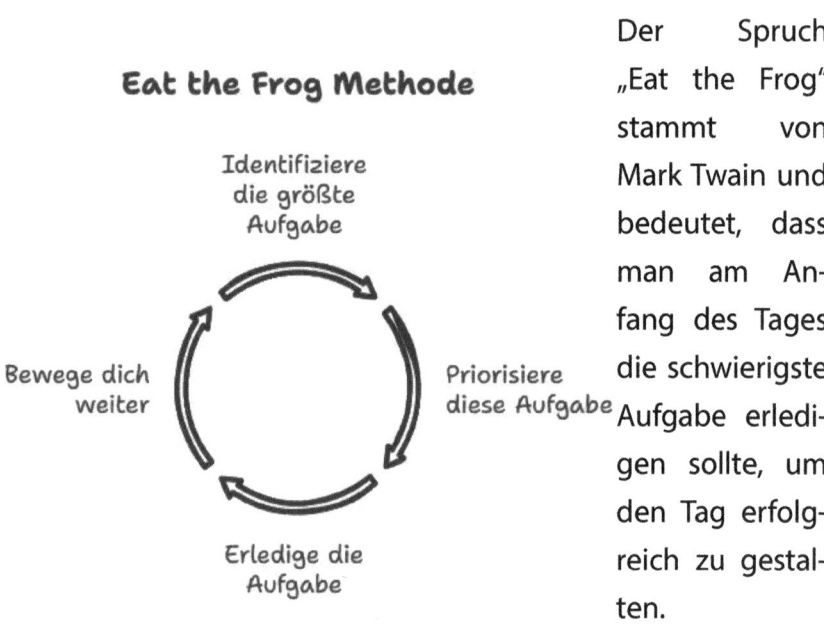

Der Spruch „Eat the Frog" stammt von Mark Twain und bedeutet, dass man am Anfang des Tages die schwierigste Aufgabe erledigen sollte, um den Tag erfolgreich zu gestalten.

Die Methode fördert die Priorisierung von Aufgaben und man hört automatisch auf Dinge vor sich her zu schieben. Durch das Abarbeiten der unangenehmen Aufgaben zu Beginn des Tages gewinnst du an Selbstvertrauen, fühlst dich produktiver und hast mehr Energie für die restlichen Aufgaben.

Die Eat-the-Frog-Methode kann dazu beitragen, den Arbeitsalltag effektiver zu gestalten und Stress zu reduzieren, indem du dich auf das Wesentliche konzentrierst und deine Zeit sinnvoll nutzt.

Delegieren und Unterstützung holen

Vor allem Chefs von Handwerksbetrieben neigen dazu ihre Tage mit Routinearbeiten und unwichtigem Kram zuzumüllen. Streicht man von den zwölf Stunden, in denen sie am Tag am Arbeiten, alle unwichtigen und unnötigen Arbeiten weg, bleiben am Ende oftmals nur wenige Stunden übrig.

Delegieren will gelernt sein! Arbeit abzugeben, muss man lernen.

„Das kann kein anderer" ist der blödeste Satz, der in diesem Kontext fallen kann.

Du hast das Unternehmen gegründet. Du hast das Angebot definiert. Du hast den Prozess definiert. Du hast den Mitarbeiter eingestellt. Du hast den Mitarbeiter auf den Prozess angesetzt. Wenn jetzt was schief geht, wie zum Teufel kannst du dir einbilden, dass jemand anderes als du daran schuld ist?

Der Ablauf ist ganz einfach: Prozess definieren. Mitarbeiterprofil erstellen. Prozess mit Mitarbeiter besetzen. Hierauf gehe ich detaillierter in dem Buch „Erfolgskompass Handwerk: Chaotische Abläufe" ein.

Das Ziel ist es, Prozesse zu definieren und geeignete Mitarbeiter zu finden, um danach Mensch und Prozess zusammenzuführen. Und nein, hier reden wir nicht von dem Fachkräftemangel oder sonst was. Wir reden von stumpfen, sich wiederholenden Routineaufgaben.

Suchen wir eine Person, die in der Lage ist, jeden Tag das gleiche zu tun und dabei gewissenhaft ist und kombinieren sie mit einem Prozess, den wir so definiert haben, dass kein Fehler passieren kann und uns das Ergebnis zu 99% zufrieden stellt, dann haben die meisten Bauunternehmer eine hohe zweistellige Prozentzahl an zeitlicher Entlastung.

Lies diesen Satz bitte nochmal und verstehe ihn zu 100%!

Das ist keine Magie, sondern simples Prozessmanagement gepaart mit den Grundlagen der Mitarbeiterführung.

Du bist Inhaber eines Unternehmens. Du arbeitest am und nicht im Unternehmen. Gerade die Selbstständigen, die wenige Mitarbeiter haben, müssen dringend lernen Arbeiten abzugeben und sie aus ihrem Kopf zu streichen.

Du bist als Betriebsinhaber nicht der Mülleimer der Nation. Es ist auch nicht deine Aufgabe alle Aufgaben zu übernehmen, die deine Mitarbeiter augenscheinlich nicht bewerkstelligen können. Deine Aufgabe ist es, Mitarbeiter zu finden, die die Aufgaben zu deiner Zufriedenheit abarbeiten können.

Testen und Optimieren / Optimales Werkzeug

„Ich mache das seit 40 Jahren so, was willst du mir erzählen?" Diesen Spruch höre ich immer wieder. Nun, stellen wir uns einen Menschen vor, der gerade 250 Jahre alt ist. Dieser Mensch würde mit der Kutsche auf die Baustelle kommen und wenn man diesem sagt: „Hey, kauf doch mal einen Bus, damit bist du viel schneller", würde er auch sagen „Ich mache das seit 200 Jahren so, was willst du mir erzählen?" So ähnlich fühle ich mich dann.

Im Prozessmanagement gibt es eine große Regel, die über allem steht: **Der kontinuierliche Verbesserungsprozess.** Das bedeutet, man versucht pausenlos Dinge zu verbessern und zu optimieren.

Ebenso ist es auch bei den täglichen Dingen, mit denen man seine Zeit verbringt. Du solltest immer wieder überprüfen, ob das, was du tust, nicht besser oder schneller geht.

Gibt es vielleicht besseres Werkzeug (sowohl im Büro als auch auf der Baustelle)? Gibt es die Möglichkeit Prozesse umzugestalten?

Gerade im Bereich Digitalisierung ist hier grade ein enormer Hebel, der Unmengen an Zeit spart. Digitalisierung ist selbstverständlich ein großes Wort, mit dem viele nichts anfangen können oder sich das Falsche vorstellen. Wir sprechen in diesem Zusammenhang bereits von einer neuen Software zum Erstellen von Aufträgen und Rechnungen, die eventuell halb so lange dauert wie die bisherige Verfahrensweise.

Wichtig ist, dass du pausenlos die Frage im Kopf hast, ob du irgendetwas verbessern oder effizienter machen kannst. Du testest neue Sachen und optimierst auf diese Art dauerhaft bzw. kontinuierlich deinen Betrieb.

Und mit pausenlos meine ich nicht, dass du jeden Tag nichts anderes mehr im Kopf hast. Du setzt dir bestimmte Termine (einmal in der Woche oder einmal im Monat), in denen du dir Zeit nimmst, um darüber nachzudenken. Hier sprichst du beispielsweise mit Mitarbeitern oder analysierst die Zahlen.

Ruhephasen

Auch wenn es auf den ersten Blick paradox erscheinen mag: Ruhepausen sind das A und O, um bei der Arbeit Zeit zu sparen.

Wir bilden uns oft ein, dass wir mehr leisten, wenn wir nur lange genug arbeiten. Doch wie bereits erwähnt sinkt unsere Leistungskurve ohnehin über Tag ab. Wenn dies noch zusätzlich in Verbindung mit fehlenden Pausen geschieht, wird das Problem immer deutlicher. Wir bewegen uns mit Vollgas in eine Negativspirale herein.

Denn wir machen längere Zeit keine Pausen (egal ob über Tag, im Monat oder übers Jahr verteilt). Die Arbeit uns immer schwerer, was dazu führt, dass die Fehleranfälligkeit höher wird, weil die Konzentration nachlässt. Die Arbeit wirkt noch anstrengender und wir werden noch langsamer. Wozu führt das?

„Ich kann mir jetzt auf keinen Fall eine Pause leisten."

Das geschieht oftmals in Verbindung mit Nahrungsmangel, weil wir schlicht vergessen zu essen. Doch in der Regel sind wir nach spätestens 90 Minuten nicht mehr so leistungsfähig wie vorher. Der Grund sind geleerte Glykogenspeicher. Also kleiner Tipp am Rande: Iss genug! Vor allem komplexe Kohlenhydrate wie Vollkorn. Wer das Redbull unter dem Obst sucht, greift zur Banane. Kein Scheiß! Die Dinger sind wahre Leistungs-Booster!

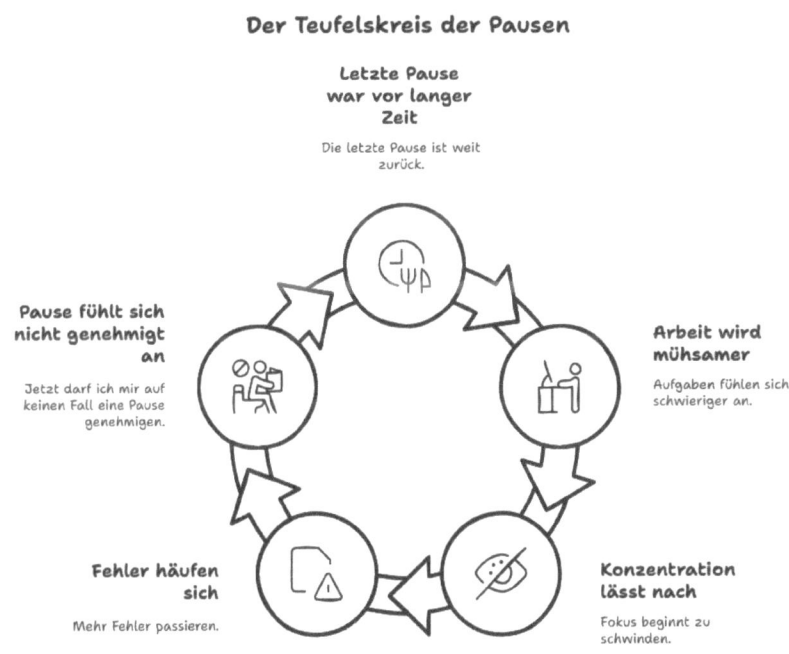

Der Teufelskreis der Pausen

Letzte Pause war vor langer Zeit
Die letzte Pause ist weit zurück.

Arbeit wird mühsamer
Aufgaben fühlen sich schwieriger an.

Konzentration lässt nach
Fokus beginnt zu schwinden.

Fehler häufen sich
Mehr Fehler passieren.

Pause fühlt sich nicht genehmigt an
Jetzt darf ich mir auf keinen Fall eine Pause genehmigen.

Zeitplanung

Zeitplanungen sind eines der wichtigsten Werkzeuge im Zeitmanagement. Ist auch klar, oder? Wie willst du optimal mit deiner Zeit wirtschaften, wenn du einfach drauflosarbeitest?

Ein Zeitplan bietet eine Orientierung und hilft auf in großer Hektik nicht den Überblick zu verlieren.

Gerade auf der Baustelle passiert das häufiger als man denkt. Die Baustellen werden begonnen und der Chef weiß gar nicht so recht, wie lange das ganze Projekt dauern wird. Das ist die erste Ausfahrt in Richtung Terminuntreue. Vorher warst du noch in Richtung Kundenzufriedenheit unterwegs.

Du sollst auch nicht bis auf die Minute jeden Handschlag planen. Plane, wie du bereits gelernt hast, in Zeitblöcken. Plane je nach Bedarf deine Tage, Wochen, Monate und auch deine Jahre.

Setze dir realistische Ziele und wenn du sie nicht erreichst, fragst du dich, was schiefgelaufen ist.

Fazit

Du hast nun 15 Regeln kennengelernt und ich glaube, dass du dich zumindest an der ein oder anderen Stelle dabei erwischt hast, dass du manche Regeln nicht beachtest und welche negativen Auswirkungen sie bei dir haben. Um sie praktisch besser anzuwenden, ist es vorteilhaft, die Regeln gedanklich in verschiedene Kategorien zu unterteilen.

Wir unterteilen in „Planung", „Allgemein" und „Aufgabenbezogen".

Bei den allgemeinen Regeln handelt es sich um Regeln, die wir grundsätzlich beachten sollten, egal ob wir bis zum Hals in Arbeit stehen oder gerade am Strand auf den Bahamas liegen.

Bei den aufgabenbezogenen Regeln betrachten wir die Regeln, die wir bei der Bearbeitung einer Aufgabe selbst beachten.

Bei der Planung betrachten wir Regeln, wie Aufgaben untereinander organisiert und geplant werden sollten: z.B. die Reihenfolge.

Es ist sonnenklar, dass du nicht dieses Buch liest und nach dem Zuschlagen alle Regeln sofort perfekt umsetzt. Es ist ein dauerhafter Prozess, auf den du dich kontinuierlich konzentrieren musst.

Du solltest dich immer wieder kritisch hinterfragen, ob und warum du gegen diese Regeln verstoßen hast. Nach einiger Zeit werden diese Regeln auf diese Art Normalität für dich.

	Allgemei	Planung	Aufgabe
Notizen machen	●		
Ziele setzen	●		
Prioritäten setzen		●	●
To-Do-Liste		●	●
Not-To-Do-Liste		●	
Schnell entscheiden	●		
Große Aufgaben in kleine		●	●
Abschottung und Monotasking			●
Keine lange Bank vs. Aufschieben		●	
Nein sagen	●		
Nicht immer perfekt	●		
Gleiche Aufgaben im Block		●	
Delegieren und Unterstüzung		●	●
Testen und Optimieren	●		
Ruhephasen	●		
Zeitplanung		●	

CHECKLISTE

Wie in jedem Buch dieser Reihe gebe ich dir Checklisten mit an die Hand. Überprüfe dich also mal kurz selbst. Wie ist dein aktueller Stand? **Sei brutal ehrlich zu dir!**

	Ja	Nein
Ich arbeite konstant mit einer To-Do-Liste.	☐	☐
Ich kategorisiere meine Aufgaben nach Wichtigkeit und Dringlichkeit!	☐	☐
Ich teile große Aufgaben in kleine Aufgaben auf.	☐	☐
Ich führe einen Tages-, Wochen-, Monats- und Jahresplan.	☐	☐
Ich erledige Aufgaben stets mit dem geringsten zeitlichen Aufwand.	☐	☐
Ich integriere bewusst Ruhepausen in meinen Alltag.	☐	☐
Ich habe klar definierte kurz-, mittel- und langfristigen Ziele.	☐	☐
Ich lege gleichartige Aufgaben in einen Block zusammen.	☐	☐
Ich suche konstant nach Optimierungs- und Eliminierungsmöglichkeiten (inbesondere bei Routineaufgaben).	☐	☐
Ich plane wichtige und unwichtige Aufgaben so in meinen Tag ein, dass sie mit meiner Leistungsfähigkeit harmonieren.	☐	☐
Ich plane wichtige Aufgaben im Block und eliminiere alle Störfaktoren.	☐	☐
Ich entscheide schnell und drücke micht nicht vor Entscheidungen.	☐	☐
Ich habe stets im Kopf, mit wenig Aufwand gute Ergebnisse zu erzielen.	☐	☐

Ergebnis: *(wie oft hast du „Ja" angekreuzt?)*

0 bis 4 mal: Du solltest die 15 Regeln nochmal genau durchlesen und verinnerlichen. Wenn du so arbeitest, können deine Tage nur abenteuerlich werden.

5 bis 9 mal: Du probierst effektiv mit deiner Zeit umzugehen. Im kommenden Kapitel gebe ich dir Werkzeuge an die Hand, mit denen du deine Zeit optimieren kannst.

10 bis 14 mal: Wenn du so toll bist, warum hast du das Buch gekauft? Kleiner Witz. Dein Problem liegt mit großer Wahrscheinlichkeit nicht im Zeitmanagement. Darauf gehe ich in einem späteren Kapitel ausführlich ein!

.:.0 **attacke handwerk.**

KAPITEL 4

PRAKTISCHE UMSETZUNG

Die praktische Umsetzung

Bis hierher könnte man den Anschein haben, dass es sich bei den Regeln nur um ein paar warme Tipps gehandelt hat und man nichts wirklich Griffiges hat, oder?

Nun ja, wie gesagt. Das war erstmal das Fundament. Als nächstes gehen wir jetzt ans Eingemachte und ich stelle dir vier praktische Methoden vor, die du auf jeden Fall anwenden solltest, wenn du nicht mehr jeden Tag wie ein HB-Männchen von A nach B rennen und dich von Mitarbeitern und Kunden durch die Gegend schubsen lassen möchtest.

Wir sprechen hier von Methoden, die dir helfen, das bisher gelernte umzusetzen. Mit anderen Worten wird auf den kommenden Seiten aus der Theorie die Praxis.

Danach wirst du diese Werkzeuge genauso selbstverständlich in deinem Werkzeugkoffer haben wie einen Hammer und einen Zollstock, ok?

Das ist keine Bitte, sondern ein Befehl!

Und ich lege sogar noch einen drauf. Nachdem du die nächsten Seiten gelesen hast, habe ich eine Überraschung für dich – eine ganz persönliche Belohnung. Du blätterst jetzt aber nicht vor und guckst nach, welche. Du liest zuerst noch die kommenden paar Seiten. Erst die Arbeit und dann das Vergnügen! ⊠

Eisenhower-Matrix

Wir haben darüber gesprochen, dass du Aufgaben konsequent nach Wichtigkeit und Dringlichkeit kategorisierst.

Du stehst also vor einem riesigen Berg an Aufgaben und sortierst sie erstmal. Das machst du doch in deinem Arbeitsalltag auch. Du nimmst ja auch keine Bütte voller Werkzeug mit auf die Baustelle und wühlst jedes Mal darin herum, wenn du etwas bestimmtes suchst, oder nicht?

Natürlich nicht. Du hast dein Werkzeug geordnet im Lager oder Bus und nimmst es in Koffern, Schubladen und Regalen sortiert mit auf die Baustelle.

Wenn du diesen Gedanken auf Werkzeug und Material überträgst, macht das plötzlich ziemlichen Sinn, oder? Du kannst nicht den ganzen Tag mit einer Bütte voller Aufgaben durch die Gegend laufen und ständig darin wühlen. In dem Fall kannst du nur irre werden.

Wenn du deine Aufgaben allerdings schön sortierst, wirst du merken, wie dein Alltag auf einmal viel entspannter und strukturierter wird. Du weißt ganz genau, was du als erstes erledigst. Insbesondere fällt es dir danach sehr leicht, bestimmte Aufgaben einfach von deiner persönlichen To-Do-Liste zu entfernen.

Und das ist auch gar nicht so schwer, wie du es dir vielleicht gerade vorstellst. Du sortierst die Aufgaben nach den Kriterien Wichtigkeit und Dringlichkeit. Danach gibt es klare Empfehlungen, wie du mit bestimmten Aufgaben umgehst und dementsprechend arbeitest du sie ab oder auch nicht.

Aufgabenpriorisierung und -organisation

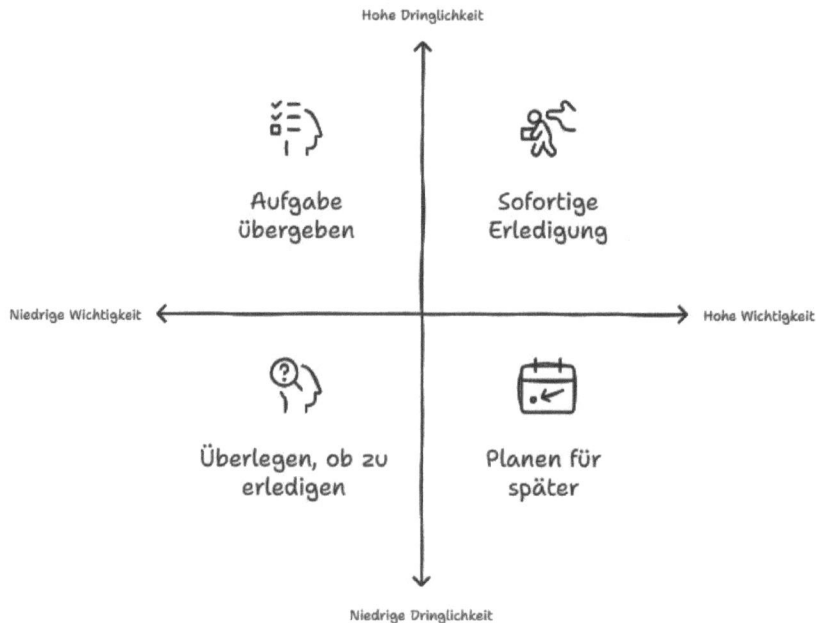

Wenn du dieses Schaubild betrachtest, fällt dir sicherlich auf, dass du 4 verschiedene Arten an Aufgaben siehst.

Wichtig und dringend – oben rechts
Wichtig und nicht dringend – oben links
Nicht wichtig, aber dringend – unten rechts
Nicht wichtig und nicht dringend – unten links

Für jede dieser vier Aufgabenarten gibt es klare Handlungsempfehlungen und diese schauen wir uns nun mal genau an.

Natürlich ist jetzt die Frage, was überhaupt dringend ist und was wichtig ist.

Eine Flex-Scheibe ist rund und ein Ytong-Stein ist eckig. Das kann man unterscheiden. Aber was ist wichtig und unwichtig? Nun ja, das musst du für dich herausfinden und einstufen.

Wenn du 100 Aufgaben vor dir liegen hast und du stufst davon 90 als wichtig ein, dann machst du definitiv etwas falsch!

Du musst dir dann aber auch keine Sorgen machen. Im Gegenteil - Das wäre sogar gut! Warum? Weil du jetzt weißt, dass du dir zu viel Stress machst. Dann solltest du mal genau hinterfragen, ob diese ganzen Aufgaben wirklich so wichtig sind.

Wenn du das ein paar Mal gemacht hast, fällt dir das auch gar nicht mehr schwer.

Wichtig und dringend:
Ist eine Aufgabe wichtig und dringend, erledigst du sie sofort, und zwar selbst!

Beispiel: Ein Kunde hat einen Wasserrohrbruch.
Das ist wichtig, weil so ein Schaden zu erheblichen Schäden an

einem Gebäude führt. Das ist dringend, weil der Kunde nicht 2 Monate in einem Plantschbecken wohnen kann, bis du sein Rohr reparierst.

Damit ist nicht unbedingt gemeint, dass du persönlich dieses Rohr reparierst. Dafür hast du gegeben falls Mitarbeiter. Wichtig ist allerdings, dass du in dieser Situation sofort handelst und nicht erst noch 10 E-Mails beantwortest und einen Kaffee trinkst.

Wichtig und nicht dringend:

Ist eine Aufgabe wichtig, aber nicht dringend, legst du dir einen Termin fest, in der du sie selbst erledigst.

Beispiel: Planung der nächsten Baustelle
Dass du eine Baustelle planst, ist wichtig. Die Planung einer Baustelle muss allerdings nicht unmittelbar geschehen, sondern hat eine bestimmte Deadline. Du planst dir also einen bestimmten Zeitpunkt ein, an dem du das erledigst.

Nicht wichtig und dringend:

Ist eine Aufgabe nicht wichtig und dringend, delegierst oder automatisierst du sie.

Als Inhaber erledigst du nur wichtige Aufgaben. Auch wenn du einer der Menschen bist, die sich ständig erklären, dass das kein anderer kann, ist das in Ordnung.

Wenn eine Aufgabe nicht wichtig ist und dein Mitarbeiter es vermasselt, können die Folgen nicht so tragisch sein. Dann überlegst du dir im nächsten Schritt, was du tun kannst, damit er die Aufgabe in Zukunft nicht mehr vermasselt.

Beispiel: Ein Kunde möchte wissen, wann seine Baustelle beginnt. Es ist unwichtig, wann die Baustelle beginnt, weil das keinen direkten Einfluss auf die Qualität deiner Arbeit und die termingerechte Fertigstellung der Baustelle hat. Es ist allerdings dringend, weil Kundenzufriedenheit der fruchtbare Boden deines Erfolgs ist.

Wann die Baustelle beginnt, musst du jedoch nicht selbst nachschauen, sondern das kann auch deine Bürokraft machen und dem Kunden entsprechend mitteilen.

Nicht wichtig und nicht dringend:

Ist eine Aufgabe nicht wichtig und nicht dringend, erledigst du sie nicht.

Beispiel: Firmenbusse sauber machen
Klar gewinnt der Kunde einen gewissen Eindruck von dir und deinem Betrieb, wenn er entweder drei glänzende Busse vor seinem Gebäude findet oder drei Müllhalden, die aussehen, als würden in den Bussen Messis hausen.

Das spielt aber prinzipiell keine entscheidende Rolle und zählt nicht zu deinen Aufgaben. Die Qualität der Arbeit wird nicht darunter leiden und es stirbt auch keiner, wenn die Busse erst ein paar Tage später gereinigt werden.

Fakt ist: Das ist nicht deine Aufgabe!

Wenn du alles fein säuberlich kategorisiert hast, arbeitest du die Aufgaben nach einer bestimmten Reihenfolge ab.

Als erstes erledigst du die wichtigen und dringenden Aufgaben. Danach erledigst du die wichtigen und nicht dringenden Aufgaben. Daraufhin die nicht wichtigen und dringenden (wenn sie nicht schon jemand anderes für dich erledigt, den du mit dieser bestimmten Art Aufgabe betraut hast). Die nicht wichtigen und nicht dringenden Aufgaben wirfst du in den Müll.

Also du kümmerst dich erst daran, dass das Wasserrohr wieder dicht ist. Dann sorgst du dafür, dass er Kunde eine Antwort bekommt, wann die Baustelle beginnt.

Danach machst du dir Gedanken, wie es passieren konnte, dass du dich persönlich mit dem Beantworten dieser Anfrage auseinandersetzen musstest und sorgst dafür, dass das in Zukunft nicht mehr passiert.

Danach plannst du die nächste Baustelle und abends trittst du deinen Mitarbeitern in den Arsch, warum die Dreckspatzen die Busse so misshandeln.

ABC-Methode

Die ABC-Methode ist eine bewährte Methode im Zeitmanagement, um Aufgaben nach ihrer Priorität und Bedeutung zu kategorisieren.

Dieses Werkzeug ist relativ verwandt mit der Eisenhower-Matrix, bietet jedoch gewisse Vorteile.

Die Eisenhower-Matrix (Wichtigkeit und Dringlichkeit) benutzt man, wenn man kurzfristig vor einem Berg von 100 Aufgaben steht und entscheiden muss, in welcher Reihenfolge man die Aufgaben erledigt oder ob man sie überhaupt erledigt. Hier spielt vor allem die zeitliche Komponente eine große Rolle, weil man sich bei jeder Aufgabe fragt, wie dringend sie ist.

Die ABC-Methode verwendest du, wenn du wenn du langfristig planst.

Die Eisenhower-Matrix fokussiert sich sowohl auf Dringlichkeit als auch auf Wichtigkeit und ist ideal für das tägliche Zeitmanagement und kurzfristige Entscheidungen.

Die ABC-Methode: Bezieht sich ausschließlich auf die Wichtigkeit, um langfristige Prioritäten zu setzen und Ressourcen effizient zu planen.

Die Abkürzung ABC steht für A-Aufgaben, B-Aufgaben und C-Aufgaben. Im Kontext von Zeitmanagement ermöglicht die ABC-Methode eine effektive Priorisierung und Fokussierung auf die bedeutsamen Aufgaben.

A-Aufgaben haben eine hohe Priorität. B-Aufgaben haben eine mittlere Priorität und C-Aufgaben wenig Priorität. Da für dich in Bezug auf die Arbeit die wichtigste Kennzahl der Geschäftserfolg sein sollte, messen wir die Priorität daran.

Was bedeutet das?

Auch wenn es dir im Alltagsstress manchmal anders vorkommt, so gibt es doch eine begrenzte Anzahl an Dingen, die du tust. Sonst würdest du ja jeden Tag irgendetwas komplett anderes machen.

Einfluss der ABC-Methode auf den Geschäftserfolg

5

3

1

B
Mäßiger Einfluss auf den Geschäftserfolg

A
Höchster Einfluss auf den Geschäftserfolg

C
Geringster Einfluss auf den Geschäftserfolg

Natürlich wiederholen sich Aufgaben mit der Zeit. Du schreibst immer wieder Angebot. Du planst immer wieder Baustellen. Du bestellst immer wieder Material. Du sagst deinen Mitarbeitern immer wieder, was sie zu tun haben. Du schreibst immer wieder Rechnungen und so weiter.

A-Aufgaben sind entscheidend für den Geschäftserfolg.

Sie haben unmittelbare Auswirkungen auf den Umsatz, die Kundenbindung oder die Projektplanung. Diese Aufgaben sollten sofort angegangen und regelmäßig überwacht werden. Durch die konsequente Bearbeitung von A-Aufgaben können Zeit und Ressourcen effizient genutzt werden.

Beispiele:
Abschluss eines wichtigen Vertrags mit einem Kunden
Überblick über die laufenden Projekte erstellen
Angebot für einen neuen Auftragsanfrage erstellen

Wir sprechen hier nicht von einem Wasserrohrbruch. Wir sprechen darüber, was du grundsätzlich in deinem Alltag als erstes erledigst und worauf dein Fokus liegt. Angebote schreiben oder dafür sorgen, dass der Kunde das Angebot auch unterschreibt, ist existenziell notwendig für deinen Betrieb.

Wenn du das auf die lange Bank schiebst, hat der Kunde womöglich schon bei deinem Konkurrenten unterschrieben. Bevor du dich also damit beschäftigst, welche Kaffeemaschine zukünftig in deinem Büro steht oder ob die Firmenbusse mit Werkzeugen von Einhell, Bosch, Hilti oder einem anderen Hersteller ausgestattet sind, schreibst du das Angebot!

B-Aufgaben sind ebenfalls wichtig, jedoch weniger dringend als A-Aufgaben.

Sie haben zwar langfristige Auswirkungen, können aber auch etwas zeitversetzt erledigt werden. Es ist wichtig, regelmäßig Zeit für B-Aufgaben einzuplanen, um langfristige Ziele nicht aus den Augen zu verlieren und spätere Probleme zu vermeiden.

Beispiele:
Wartung der Werkzeuge und Maschinen
Erstellung eines monatlichen Finanzberichts
Kundenanfragen zu kleineren Projekten bearbeiten

Hier siehst du einen schönen Unterschied. Es ist wichtig, dass die Werkzeuge regelmäßig gewartet werden. Ohne Werkzeug kann man kein Geld verdienen. Es ist aber nicht kriegsentscheidend, ob die Wartung heute oder morgen durchgeführt wird.

Anders sah es eben aus. Wenn du das Angebot erst morgen schreibst, könnte es schon zu spät sein. Dass der Kunde das Angebot nicht annimmt, kann natürlich trotz deiner Schnelligkeit passieren. Aber dann hat der Kunde Gründe dafür. Der Grund, warum ein Kunde dein Angebot nicht annimmt, sollte jedoch auf keinen

Fall sein, dass du deinen Arbeitstag nicht strukturiert bekommst und den Fokus auf die falschen Aufgaben legst.

C-Aufgaben haben keine unmittelbaren negativen Auswirkungen auf den Geschäftserfolg.

C-Aufgaben sind weniger wichtig und weniger dringend und können daher verschoben oder delegiert werden, ohne dass dies unmittelbare negative Auswirkungen hat. Dennoch sollte ein Plan bestehen, sie regelmäßig anzugehen.

Diese Aufgaben beanspruchen oft unnötig Zeit und sollten kritisch hinterfragt werden, ob sie wirklich notwendig sind.

Durch eine klare Unterscheidung und Priorisierung der Aufgaben mithilfe der ABC-Methode können diese Zeitfresser minimiert und die Produktivität gesteigert werden.

Beispiele:
Teilnahme an einem Fachseminar
Aufräumen des Lagers
Kontakte zu anderen Handwerkern pflegen

Natürlich ist es wichtig, Seminare und Schulungen zu besuchen, um immer auf dem neusten Stand zu sein. Natürlich ist es wichtig, ein aufgeräumtes Lager zu haben. Und ja, es ist wichtig, mit anderen Handwerkern gut vernetzt zu sein und diese Beziehungen zu pflegen.

Vor die Wahl gestellt, ob du dich erst darum kümmerst, dass ein Kunde ein Angebot annimmt, was dir und deinen Mitarbeitern die nächsten drei Monate Arbeit gibt oder eine Stunde mit deinem Kumpel Dieter Kaffee zu trinken und über das Wetter zu labern, muss deine Entscheidung klar sein! Da gibt es auch nichts schön zu reden! Dieter und Du könnt auch heute Abend zusammen ein Bier trinken oder morgen quatschen. Behalte den Fokus!

Die ABC-Methode im Zeitmanagement bietet eine strukturierte Methode, um den Arbeitsalltag effizient zu gestalten, wichtige Aufgaben zu priorisieren und den Fokus auf das Wesentliche zu richten.

Indem du deine Aufgaben nach ihrer Bedeutung und Dringlichkeit einordnest, kannst du Zeitfresser identifizieren, Zeitfallen vermeiden und deinen Arbeitsalltag erfolgreich organisieren.

Die ABC-Methode ermöglicht es, den Überblick über die anstehenden Aufgaben zu behalten und die Zeit effektiv zu nutzen, um die gesteckten Ziele zu erreichen.

Ein kleiner Umsetzungstipp: (Egal ob du nun die Eisenhower-Matrix oder die ABC-Methode verwendest.)

Behalte stets im Blick, welche Priorität eine Aufgabe hat, wenn du deinen Tagesablauf planst. Schreibe dir eine Liste und kennzeichne jede Aufgabe entweder mit einer 1, 2, 3 oder 4 (Eisenhower) oder A, B und C (ABC-Methode).

Das visuelle Element hilft dir Prioritäten zu setzen.

Durch das markante „C" hinter einer C-Aufgabe wirst du automatisch anders damit umgehen als mit einer A-Aufgabe.

Wenn du auf das C schaust, fällt es dir auch leichter, dich zu fragen: Gehört diese Aufgabe wirklich zu deinen Verantwortlichkeiten? Kannst du sie eventuell delegieren?

Fokussiere dich auf die A-Aufgaben, da sie dich tatsächlich voranbringen und motivieren. A-Aufgaben haben eine entscheidende Wirkung auf deinen Erfolg. Erledige die C-Aufgaben in Zeiten, in denen du weniger Energie hast, wie nach dem Mittagessen oder wenn dir die Ohren klingeln und du gedanklich mal eine kurze Pause benötigst.

Also, wenn du gerade ein Angebot geschrieben hast oder dich darum gekümmert hast, dass sofort jemand zu einem Wasserrohrbruch fährst, kannst du dir mal eine Stunde zeitnehmen, um das Lager aufzuräumen oder einen Bus sauber zu machen. Ich denke, du verstehst das Prinzip.

Auf diese Weise wirst du motiviert sein, etwas abgeschlossen zu haben und kannst dich mit frischem Hirn wieder wichtigen Aufgaben widmen.

ALPEN-Methode

Erinnern wir uns noch einmal kurz daran, weshalb du dieses Buch gekauft hast. Wahrscheinlich, weil dir alles über den Kopf wächst und du ein (vollständiger) Sklave deines Betriebes geworden bist, richtig?

Die Eisenhower-Matrix verwendest du vor allem, um kurzfristig Brände zu löschen. Die ABC-Methode verwendest du, um langfristig zu priorisieren.

Nun kommt die ALPEN-Methode. Die ALPEN-Methode ist eine bewährte Technik im Zeitmanagement, um einen Tagesplan zu erstellen

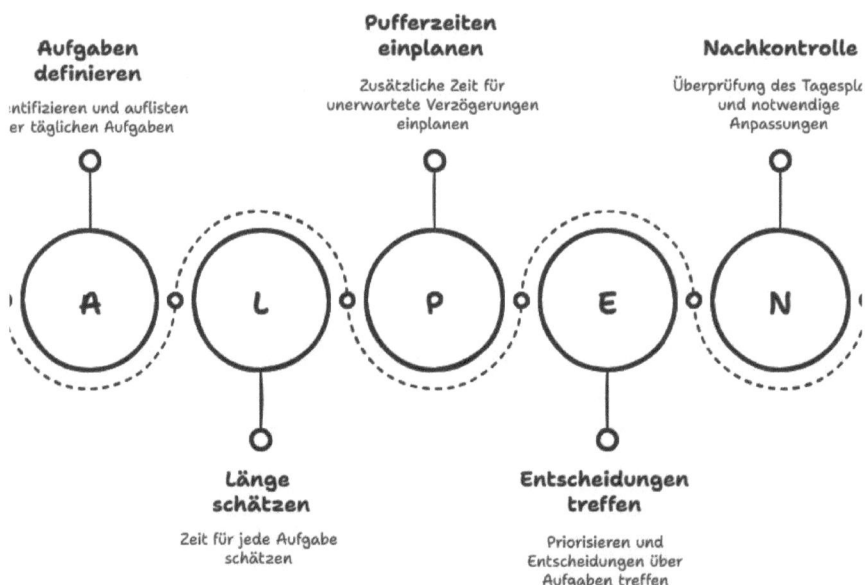

Tagesplanungsprozess mit der ALPEN-Methode

Aufgaben definieren
ntifizieren und auflisten
er täglichen Aufgaben

Pufferzeiten einplanen
Zusätzliche Zeit für
unerwartete Verzögerungen
einplanen

Nachkontrolle
Überprüfung des Tagespl
und notwendige
Anpassungen

Länge schätzen
Zeit für jede Aufgabe
schätzen

Entscheidungen treffen
Priorisieren und
Entscheidungen über
Aufgaben treffen

Die Abkürzung ALPEN steht dabei für die Anfangsbuchstaben von:

Aufgaben definieren
Länge schätzen
Pufferzeiten einplanen
Entscheidungen treffen
Nachkontrolle

Im Handwerksbereich ist es besonders wichtig, effizient zu arbeiten, da Zeit ein knappes Gut ist. Die ALPEN-Methode hilft dabei, den Arbeitstag strukturiert zu planen und die Produktivität zu steigern.

Durch einen Tagesplan kannst du überhaupt nicht mehr an den Punkt gelangen, dass du zu viel arbeitest – du planst es ja. Für den Fall, dass du für alle deine Aufgaben in aller Regel weit über 10 Stunden täglich benötigst, weißt du, dass du etwas falsch machst! Beispielsweise bewältigst du entweder Aufgaben, die nicht zu deinem Aufgabengebiet gehören.

Zunächst ist es entscheidend, alle anstehenden Aufgaben zu notieren. Hier eignet sich am besten eine To-Do-Liste. Diese solltest du auch nicht morgens um sechs anfertigen, sondern spätestens am Vortag müssen deine Aufgaben klar sein.

Anschließend gilt es, die Länge der Aufgaben realistisch zu schätzen, um den zeitlichen Rahmen besser einschätzen zu können.

Ein weiterer wichtiger Schritt ist das Einplanen von Pufferzeiten. Mir ist bewusst, dass gerade im Handwerk unvorhergesehene Umstände auftreten können, die zusätzliche Zeit in Anspruch nehmen.

Mit der Berücksichtigung von Pufferzeiten kannst du flexibler auf solche Situationen reagieren, ohne den Zeitplan komplett über den Haufen werfen zu müssen.

Entscheidungen treffen ist der zentrale Bestandteil der ALPEN-Methode. Also Entscheidungen darüber, welche Aufgaben von dir in welcher Reihenfolge erledig werden.
Dieser Schritt der ALPEN-Methode basiert also im Prinzip auf der Eisenhower-Matrix. Hier stufst du nach Wichtigkeit und Dringlichkeit ein.

Du kannst allerdings auch nach der ABC-Methode vorgehen oder dir eine andere Art der Planung ausdenken. Was du auf keinen Fall tun solltest, ist eine To-Do-Liste anfertigen und einfach jeden Kram, der dir einfällt, abarbeiten.

Das führt zum Aufschieben, der langen Bank, Beschäftigung mit unwichtigen und undringenden Aufgaben etc.

Das kann nur ins Chaos führen!

Mit der ALPEN-Methode kannst du Prioritäten setzen und klar definieren, welche Aufgaben zuerst erledigt werden müssen und welche unter Umständen auch gar nicht.

Zum Schluss ist es wichtig, eine regelmäßige Nachkontrolle durchzuführen, um den Fortschritt zu überwachen und gegebenenfalls Anpassungen vorzunehmen.

Was heißt das? Dass unerledigte Aufgaben auf einen kommenden Tag übertragen werden müssen, ist klar. Hier geht es insbesondere darum, zu überprüfen wie gut dein Plan war.

Vielleicht planst du jeden Tag 50 Minuten für die Einteilung deiner Mitarbeiter ein, aber brauchst in Wahrheit eher 60 Minuten. Es ist also wichtig, dir deine Zeiten aufzuschreiben damit du im Nachhinein die Qualität deiner Tagespläne überprüfen kannst.

Die ALPEN-Methode unterstützt dich dabei, deine Arbeitsabläufe effizient zu gestalten, Zeitfallen zu vermeiden und deine Produktivität zu steigern.
Durch die strukturierte Vorgehensweise wirst du auch wahrscheinlich deine Projekte termingerecht und erfolgreich abschließen (ohne dabei einen Herzkasper zu bekommen).

Selbstreflexion

Es ist wichtig, regelmäßig eine Selbstreflexion vorzunehmen, um den eigenen Arbeitsalltag kontinuierlich zu verbessern.

Selbstreflexion ist ein großes Wort. Klingt fast schon ein bisschen esoterisch, oder? Keine Angst. Du sollst hier keine Räucherstäbchen anzünden und dreimal auf einen Stein klopfen.

Es sind acht einfache Schritte.

Acht einfache Schritte, die du in regelmäßigen Abständen durchführst. Wie groß diese Abstände sind, bleibt dir und deiner Selbsteinschätzung überlassen. Bei Bedarf kannst du es einmal pro Woche machen. In der Regel reicht aber auch einmal pro Monat, Quartal oder Jahr aus.

Wichtig ist, dass du dich kontinuierlich verbesserst und nicht unnötig Zeit verschwendest. Die Entscheidung, die du heute getroffen hast, kann schon morgen oder in einem Jahr falsch sein, weil sich bestimmte Faktoren geändert haben.

Das Problem ist, dass man so etwas oftmals in der Dynamik des Alltags nicht oder erst zu spät erkennt.

Um diesem Effekt vorzubeugen, führst du also regelmäßig eine Selbstreflexion durch und hierbei gehst du wie folgt vor:

Du kannst dir das ganze wie ein Zyklus vorstellen.

Selbstreflexionszyklus

Bevor du jetzt aber schon deine Räucherstäbchen anzündest, weil du das Schaubild gesehen hast, gehen wir bitte erst noch Schritt für Schritt die einzelnen Schritte durch.

Ziele klar definieren

Identifiziere konkrete Bereiche, in denen du dich verbessern möchtest, sei es in Bezug auf Zeitmanagement-Techniken, Arbeitsorganisation oder Priorisierung von Aufgaben.

Welche Ziele du dir setzt ist eigentlich egal. Sie müssen nur Sinn machen und den SMART sein! Ich hoffe du erinnerst dich an die fünf Charaktereigenschaften von Zielen. Wenn nicht, lies sie noch einmal bei den 15 Regeln unter „Ziele setzen" nach.

Zeitdiagnose durchführen

Analysiere, wie du deine Zeit aktuell verbringst. Führe dazu beispielsweise ein Zeitprotokoll über eine Woche. So erkennst du Muster und identifizierst Zeitfresser (Hier gibt es eine ganz einfache Methode, die ich dir in ein paar Seiten zeigen werde).

Solltest du kontinuierlich nach Eisenhower, ALPEN und ABC arbeiten, kannst du diesen Schritt eher als Auswertung dieser Methoden über einen bestimmten Zeitraum verstehen.

Hier ist es dein Ziel herauszufinden, wo du Zeit verschwendest.

Schwächen erkennen

Stelle dir die Frage, was nicht so gut lief und denke ehrlich über mögliche Schwächen oder Herausforderungen nach.

Vielleicht gibt es beispielsweise Aufgaben, die dir als Mensch einfach nicht liegen und sie sind bei dir sowohl zeitintensiv als auch fehleranfällig. Du solltest diese also entweder an einen Mitarbeiter abgeben oder dich in diesen Bereichen weiterentwickeln.

Prioritäten setzen

Nutze Methoden wie die Eisenhower-Matrix, um zu entscheiden, was wirklich wichtig ist.

Wenn du bereits nach Eisenhower oder ABC arbeitest, gilt dieser Schritt ebenfalls als Auswertung. Überdenke deine Kategorisierung. Stimmen deine Prioritäten noch. Stufst du deine Aufgaben korrekt nach Wichtigkeit ein.

Konzentriere dich auf Aufgaben, die einen echten Mehrwert schaffen.

Grenzen erkennen

Sei ehrlich zu dir selbst – und zwar brutal! Du hast nur einen Körper und auch nur eine Psyche.

Es bringt dir nichts, wenn du dir zumutest, 12 Stunden am Tag zu arbeiten und dafür alle 2 Monate krank bist oder in zehn Jahren in der Klapse.

Achte darauf, wie viel Zeit du realistisch für Aufgaben einplanen kannst. Setze dir bewusst Limits, um Überlastung zu vermeiden und Raum für Pausen zu schaffen.

Reflexion der Erfolge

Außerdem ist es hilfreich, Erfolge anzuerkennen und zu reflektieren, was gut gelaufen ist. Identifiziere die spezifischen Faktoren, die zum Erfolg beigetragen haben, und überlege, wie du diese weiterhin nutzen kannst.

Ich finde es sehr wichtig, sich zwar einerseits auf seine Schwächen zu konzentrieren, aber andererseits auch einfach mal in den Spiegel zu schauen und sich selbst für Dinge zu feiern, die richtig gut laufen.

Wenn du dich ausschließlich auf deine Schwächen konzentrierst, kann es passieren, dass du irgendwann glaubst, nur aus Schwächen zu bestehen.

Anpassung des Aktuellen

Sei bereit, deinen Plan anzupassen, wenn du feststellst, dass bestimmte Strategien nicht funktionieren. Flexibilität ist entscheidend, um effektiv zu bleiben.

Schließlich lohnt es sich, konkrete Maßnahmen zu überlegen, um morgen noch besser zu werden. Dies können kleine Anpassungen an deinen Arbeitsabläufen, Lern- oder Entwicklungsaktivitäten oder das Festlegen von klaren Zielen für den nächsten Tag sein.

Wichtig ist, dass du verstehst, dass es keinen ewigen Status Quo gibt! Es verändert sich ständig irgendetwas und perfekt ist kein Mensch auf dieser Welt.

Intelligente Menschen reagieren auf Veränderungen mit Anpassung. Das heißt nicht, dass du bisher etwas falsch gemacht hast, sondern das heißt, dass du dich und deinen Betrieb weiterentwickelst.

Selbstfürsorge

Überprüfe, ob du dir ausreichend Pausen gönnst und Zeit für dich selbst einplanst. Ein ausgeglichener Lebensstil fördert deine Produktivität.

Sei mal ehrlich zu dir selbst. Bist du morgens genau so fit und konzentriert, wenn du abends bis 22 Uhr gearbeitet hast oder wenn du um 18 Uhr Feierabend gemacht und gut geschlafen hast?

In aller Regel schaffst du das, was du in 12 Stunden machst auch in 8 Stunden. Schon alleine das Wissen darüber, dass du 12 Stunden arbeiten wirst, lässt dich nur im Energiesparmodus arbeiten und wenn du ganz ehrlich zu dir bist, sinkt deine Produktivität nach hinten heraus sowieso stetig (Erinnere dich an die Leistungskurve die ich dir bei der Regel „Gleiche Aufgaben im Block erklärt habe.

Ziele definieren

Auf der Basis deiner neu gewonnen Erkenntnisse definierst du neue Ziele oder passt die bisherigen an.

Fakt ist: Durch regelmäßige Selbstreflexion und die Bereitschaft zur kontinuierlichen Verbesserung kannst du dein Zeitmanagement stetig optimieren und effektiver arbeiten.

Zeit- und Aktivitätenanalyse

Ich habe dir bei der Selbstreflexion eine Methode versprochenund bei der ALPEN-Methode gesagt, dass die Nachkontrolle wichtig ist.

Hier ist ein Werkzeug, mit dem du das perfekt erledigen kannst. Die Rede ist von einer Zeit- und Aktivitätenanalyse (ZAA). Hierbei betrachten wir verschiedene Tiefegrade dieser Analyse. Welchen Grad du wählst, hängt von deinem Ziel ab.

Tiefegrad 1:

Grundsätzlich schreibst du dir erstmal über einen oder mehrere Tage auf, was du über Tag alles machst. Hierbei lässt du Platz für Anmerkungen.

Warum machst du das? Einerseits hast du so schwarz auf weiß, womit du dich den ganzen Tag beschäftigst. Andererseits hast du durch die Anmerkungen die Möglichkeit dir vor Augen zu führen, was dich gestört hat oder was schiefgelaufen ist. Wo geht deine Zeit hin? Vergiss bitte, dass du dir das alles merken kannst! Schreib es auf!

Wenn du beispielsweise ein Angebot schreibst und währenddessen vier Anrufe reinkommen, läuft etwas schief. Du brauchst viel länger, dein Angebot ist fehleranfällig und du wirst pausenlos aus deinen Gedanken gerissen. Du solltest in dem Fall also Monotasking und Abschottung anwenden.

Im Klartext sieht das dann aus, wie auf der kommenden Seite.

AKTIVITÄTEN- & ZEITANALYSE

Uhrzeit	Aktivität	Anmerkung
7:00 – 7:30	Mitarbeitern Aufgaben gegeben	Die meisten mussten auf mich warten. Ich habe meine Pläne zweimal geändert.
7:30 – 8:45	E-Mails beantwortet, Bankkonten geprüft	Ich wurde zwischendurch dreimal von Mitarbeitern angerufen
8:45 – 10:30	Zu einer Baustellenbesichtigung gefahren	Musste die Baustelle leider absagen, weil ich den Termin nicht halten könnte.
10:30 – 11:15	Material für den nächste Tag bestellt	Die Sonderwünsche des Kunden waren schwer umzusetzen.
11:15 – 13:00	Rechnungen geschrieben	Ich hatte zwischendurch viele Nachfragen und musste Mitarbeiter und Kunden anrufen.
...	...	...

Tiefegrad 2:

Der Tiefegrad 1 ist die Bestandsaufnahme. Jetzt weißt du eine Grundlage. Der Tiefegrad 2 dient der Umstrukturierung.

In diesem Schritt priorisierst du deine Aufgaben. Ob du es nun nach Eisenhower, ABC oder einer anderen Art machst, bleibt dir und deinem Geschmack überlassen. In dem Beispiel auf der nächsten Seite habe ich es mit Hilfe der ABC-Methode gemacht. Wichtig ist, dass du dir markierst, welcher deiner Aufgaben Priorität haben/ hatten. Toilettenpapier zu bestellen ist nicht so wichtig wie ein Verkaufsgespräch für ein großes Projekt.

Häng dich nicht daran auf, ob es nun C ist, sein Bankkonto zu prüfen, weil es sein könnte, dass du genau an dem Tag auf notwendige Liquidität wartest oder ob die Materialbestellung A ist, weil das normal die Sekretärin macht. Du sollst das Schema verstehen!

Daraufhin kannst du rückblickend analysieren, mit was du dich eigentlich so den ganzen Tag beschäftigt hast. Wie viel Zeit hast du effektiv mit wichtigen Arbeiten verbracht – Arbeiten mit hoher Priorität. Das kannst du nun schwarz auf weiß auswerten.

Ist dein Tag immer noch so stressig oder beschäftigst du dich viel mit C-Aufgaben? Du kennst die Strategieempfehlungen. Du weißt, was zu tun ist, wenn dein Tag voller Cs ist. Wenn nicht, lies es bitte nochmal nach. Ich habe es beispielsweise bei der Eisenhower-Matrix und der ABC-Methode erläutert. Du bist der Chef! Deine Zeit und Energie sind begrenzt! Du bist der Mann für die As!

AKTIVITÄTEN- & ZEITANALYSE

Uhrzeit	Aktivität	Anmerkung	Prio
7:00 – 7:30	Mitarbeitern Aufgaben gegeben	Die meisten mussten auf mich warten. Ich habe meine Pläne zweimal geändert.	A
7:30 – 8:45	E-Mails beantwortet, Bankkonten geprüft	Ich wurde zwischendurch dreimal von Mitarbeitern angerufen	C
8:45 – 10:30	Zu einer Baustellenbesichtigung gefahren	Musste die Baustelle leider absagen, weil ich den Termin nicht halten könnte.	A
10:30 – 11:15	Material für den nächste Tag bestellt	Die Sonderwünsche des Kunden waren schwer umzusetzen.	A
11:15 – 13:00	Rechnungen geschrieben	Ich hatte zwischendurch viele Nachfragen und musste Mitarbeiter und Kunden anrufen.	B
...	...	...	...

Tiefegrad 3:

Ich wiederhole: Bei dem Tiefegrad 1 haben wir eine Bestandsaufnahme gemacht. Durch den Tiefegrad 2 weißt du, über strukturelle Probleme – wo verschwendest du deine Zeit?

Es ist schön, dass du sagen kannst, dass du 12 Stunden gearbeitet hast. Wenn du 12 Stunden lang unwichtigen Kram gemacht hast und gleichzeitig bspw. keine neuen Aufträge an Land gezogen hast, hast du das Thema verfehlt. Dadurch kannst du also den Rotstift zücken und Aufgaben aus deinem grundsätzlichen Alltag streichen – der Kompass wird also neu ausgerichtet. Im Tiefegrad 3 geht es nun um die Optimierung.

Im Tiefegrad 3 machst du einen Soll-Ist-Vergleich. Du schreibst dir auf, wie viel Zeit du für bestimmte Aufgaben eingeplant hast und wie viel Zeit du danach effektiv dafür gebraucht hast. Daraufhin kannst du in Zukunft mehr oder weniger Zeit für diese Aufgaben einplanen. Dadurch werden deine Zeitpläne einfach präziser.

Wenn du allerdings merkst, dass du bei der Erstellung von Rechnungen heftige Schwankungen hast, weil du im Vorfeld erst noch 5 Anrufe mit Mitarbeitern und Kunden tätigen musst, um dir deine Informationen zusammen zu sammeln, dann hast du kein Problem mit dem Zeitmanagement. Dann liegt die Ursache darin, dass du den Informationsfluss innerhalb deines Betriebes überdenken musst.

Diese Tatsache fällt in diesem Fall durch eine ZAA auf.

AKTIVITÄTEN- & ZEITANALYSE

Uhr	Aktivität	Anmerkung	Prio	Soll	Ist	Diff.
7:00 - 7:30	Mitarbeitern Aufgaben gegeben	Die meisten mussten auf mich warten. Ich habe meine Pläne zweimal geändert.	A	15 Min	30 Min	+15 Min
7:30 - 8:45	E-Mails beantwortet, Bankkonten geprüft	Ich wurde zwischendurch dreimal von Mitarbeitern angerufen	C	30 Min	75 Min	+15 Min
8:45 - 10:30	Zu einer Baustellenbesichtigung gefahren	Musste die Baustelle leider absagen, weil ich den Termin nicht halten könnte.	A	150 Min	105 Min	-45 Min
10:30 - 11:15	Material für den nächste Tag bestellt	Die Sonderwünsche des Kunden waren schwer umzusetzen.	A	15 Min	45 Min	+30 Min
11:15 - 13:00	Rechnungen geschrieben	Ich hatte zwischendurch viele Nachfragen und musste Mitarbeiter und Kunden anrufen.	B	60 Min	105 Min	+45 Min
...	...	...	...	...	...	...

Zusammenfassend kann man also folgendes zu der Zeit- und Aktivitätenanalyse sagen:

Sie ist ein einfaches, aber effektives Werkzeug, um deine Zeit besser zu nutzen. Wie du sie verwendest, hängt von deiner persönlichen Zielsetzung ab, denn es gibt 3 verschiedene Tiefegrade.

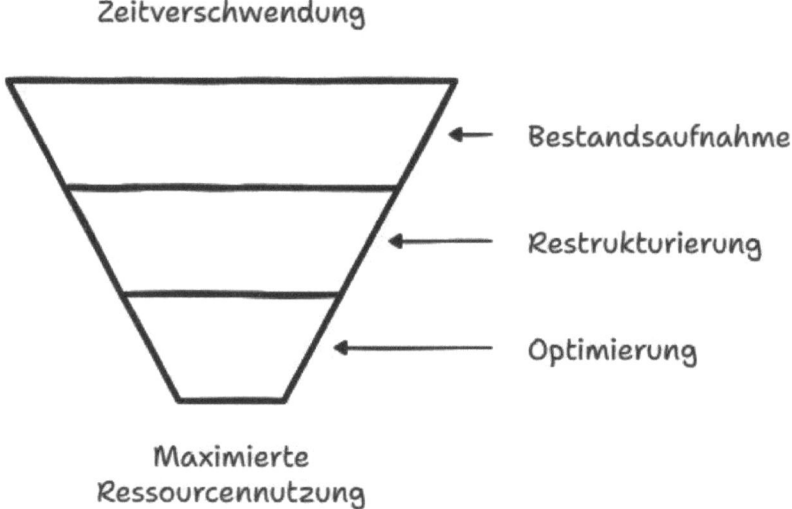

Im ersten Schritt machst du eine Bestandsaufnahme deiner Aktivitäten.

Im nächsten Schritt restrukturierst du deine Aktivitäten, indem du sie priorisierst und einige gegebenenfalls eliminierst.

Im letzten Schritt optimierst du nun deine priorisierten Aktivitäten, indem du durch einen Soll-Ist-Vergleich der Zeitdauer herausfindest, ob du Zeiten falsch planst oder andere Ursachen vorliegen, die zu Abweichungen führen.

Du brauchst beispielsweise keinen Soll-Ist-Vergleich bezüglich der Dauer bei der Rechnungserstellung machen, wenn du bereits durch den ersten Tiefegrad herausgefunden hast, dass du große Schwankungen durch außerplanmäßige Störungen hast.

Im Rahmen der Analyse stellst du dir dann folgende Fragen:

- Welche Tätigkeiten/Routinen bestimmen deinen Tag und in welchem Umfang?
- Gibt es typische Situationen, in denen du das Gefühl hattest, deine Zeit zu vergeuden?
- Entsprechen deine Tagesverläufe deinen Vorstellungen? Welche deiner Tätigkeiten sind entbehrlich gewesen?
- Was sind die größten Zeitfresser?

Hierbei überprüfst du, wie viel Zeit du bisher deinen A-, B- und C-Aufgaben widmest.

Übersicht der Zusammenhänge der einzelnen Methoden

Auf den ersten Blick kann die Darstellung etwas unübersichtlich wirken (es sind ja auch viele Zusammenhänge). Lass sie mal ein bisschen auf dich wirken. Inbesondere der kreisförmige Zyklus von Nachkontrolle, ZAA, Selbstreflexion, ABC bzw. Eisenhower und Entscheidung treffen ist in diesem Zusammenhang sehr interessant!

Aufgab
definier

Pufferzei
einplan

Entscheid
treffe

Nachkon

ALPEN-Methode

Eine Methode zur effektiven Planung des Arbeitstags.

Wochen-, Monats- und Jahresplan

Ziele setzen

Übergeordnete Ziele nach SMART-Kriterien

ABC-Methode

Eine Methode zur Priorisierung von Aufgaben.

Eisenhower-Matrix

Ein Werkzeug zur Unterscheidung zwischen Dringlichkeit und Wichtigkeit.

Selbstrefl

Der Prozess Selbstbewer und -analy

.•❚ attacke handwerk.

To-Do-Liste

Ruhephasen

Länge schätzen

**Zeit- und
Aktivitätenanalyse**

Analyse der
Zeitnutzung und
Aktivitäten zur
Effizienzsteigerung.

Tiefegrad 1
Optimierung

Tiefegrad 2
Restrukturierung

**Eisenhower
oder ABC**

Tiefegrad 3
Bestandsaufnahme

Soll-Ist-Vergleich

Genug geredet

Puh, das war viel, oder? Da kaufst du ein Buch, weil du zwar selbst aber nicht mehr ständig arbeiten möchtest, und die einzige Idee, die ich habe, ist dich mit noch mehr Arbeit zu überhäufen.

15 Regeln, Eisenhower-Matrix, ABD-Methode, ALPEN-Methode, Selbstreflexion, Zeit- und Aktivitätenanalyse: Da kann einem schnell mal schwindlig werden und sicher weißt du gar nicht wirklich, wo du jetzt anfangen sollst, oder? Das kann alles ziemlich viel sein. Das verstehe ich.

Es ist aber gar nicht so schwer, wenn du neben der Theorie noch die richtige Anleitung hättest.

Wenn du nicht erst noch mehr Gedanken und Zeit investieren müsstest, um am Ende Zeit zu sparen. Wenn du eine priorisierte To-Do-Liste hättest, die du einfach nur abarbeiten musst. Das wäre was, oder? Würdest du 10 Millionen nehmen unter der Bedingung, dass du morgen sterben müsstest? Nein, würdest du nicht. Du tauschst deine kostbare Lebenszeit nicht mal gegen 10 Millionen ein – wahrscheinlich nicht mal gegen 50 Millionen.

Würdest du 500€ bezahlen, wenn du dadurch <u>dauerhaft</u> mehrere Stunden Zeit pro Tag sparst?

Klar würdest du das. Du würdest mit großer Wahrscheinlichkeit sogar viel mehr dafür bezahlen. Und wenn nicht, werden unsere Meinungen dennoch nicht weit voneinander entfernt sein.

Ich habe mir also Gedanken darüber gemacht, wie ich dieses Problem für dich aus der Welt schaffen kann. Auch wenn ich dir Methoden zur praktischen Umsetzung an die Hand gegeben habe – am Ende des Tages sind es immer noch nur ein paar Seiten in einem Buch und Theorie bleibt nun einmal Theorie. Aus diesem Grund habe ich begleitend zu diesem Buch für dich eine Hilfe erstellt.

Ich nenne es das Umsetzerwerk.

Also ein Heft bzw. Buch (wie auch immer du es nennen möchtest), was extra für die Leute erstellt wurde, die nicht nur Theorie haben möchtest, sondern auch die Ärmel hochkrempeln und in die Umsetzung kommen wollen. Du hast vielleicht ein paar Minuten „Arbeit" am Tag damit, aber wie viel verlierst du aktuell, weil dein Zeitmanagement nicht optimiert ist? Du brauchst dir über nichts Gedanken machen. Es ist eine 90 Tage lange Herausforderung. Du hast jeden Tag klare Anweisungen und Schritte, die du befolgst.

Hier gibt es nicht noch mehr Theorie, sondern es geht um die reine Umsetzung des Buchinhalts.

Also wenn du der Meinung bist, dass die Regeln und Methoden aus diesem Buch hier der richtige Weg sind, aber du keine Lust hast, dich selbst in die Praxis einarbeiten zu müssen, ist das genau das richtige für dich.

Ich fordere dich hiermit heraus, diese 90-Tages-Challenge anzunehmen!

FLORIAN VEIT

UMSETZER WERK

SELBST UND STÄNDIG

Das begleitende Arbeitsheft zu „Selbst und Ständig" aus der erfolgreichen Buchreihe „Erfolgskompass Handwerk"

Nur für echte Umsetzer

Dieses Arbeitsheft ist <u>nicht</u> im freien Handel erhältlich!

Ausschließlich Personen, wie du, die vorher das Buch gekauft haben, haben die Möglichkeit das Arbeitsheft hier zu kaufen:

www.attacke-handwerk.de/UWSUS

Scanne hier! ↘

.ıl attacke handwerk.

UMSETZER
WERK

Die Zeit zu handeln ist jetzt!

Hast du nicht genug Zeit damit verschwendet, deine Zeit zu verschwenden?

Pure Praxis, keine Theorie

Limitierte Auflage

Inkl. 90-Tages-Challenge

Mit diesem Arbeitsheft setzt du den Inhalt des Buchs direkt um. Schritt für Schritt!

.•❙ attacke handwerk.

KAPITEL 5

URSACHENFORSCHUNG

Ursachenforschung

Ich habe im Laufe des Buches geschrieben, dass es nur eine begrenzte Anzahl an Aufgaben gibt, die in einem Handwerksbetrieb anfallen können.
Ich möchte, dass du dir nun mal folgende Situation vorstellst:

Du bzw. dein Betrieb baut nur Komplettbäder. Es ist immer das exakt gleiche Bad. Es ist die exakt gleiche Größe, die exakt gleichen Fliesen, die exakt gleichen Armaturen usw.

Wie viele Aufgaben wären dann zu erledigen?

Du kalkulierst kein Material mehr, weil du immer das exakt gleiche Material brauchst. Du überlegst dir nicht mehr, welcher Mitarbeiter heute welche Aufgabe erledigt, weil es immer die exakt gleichen sind und so weiter.

Die Chance, dass du dich zeitlich verkalkulierst, ist gleich Null.

Die Kunden haben immer die gleichen Wünsche und Bedürfnisse. Die Einwände, warum sie dein Bad nicht kaufen würden, sind immer die gleichen und du hast die perfekten und funktionierenden Gegenargumente. Deine Mitarbeiter machen keine Fehler mehr, weil sie die Arbeiten im Schlaf beherrschen und Rückfragen gibt es auch keine.

Wenn du jetzt noch jemanden einstellst, der im Vorfeld die Baustellen besichtigt und die Angebote schreibt und im Nachgang die Rechnung fertigstellt, bist du überflüssig. Das kann diese Person auch im Schlaf, weil es immer das exakt gleiche Angebot und die exakt gleiche Rechnung ist.

Du weißt, was am Monatsende übrigbleibt, wie viel das Finanzamt von dir möchte und dein Betrieb läuft zu 100% wie ein Uhrwerk ohne dich.

Du bist nur noch dafür zuständig dir zu überlegen, wie du das ganze Geld ausgibst und was du mit deiner ganzen Zeit anfangen sollst.

Ja ich weiß, jede Baustelle ist anders.

Ja ich weiß, die eine Baustelle ist größer und die andere kleiner. Der eine Kunde will die eine Fliese und der andere eine andere. Der eine Kunde will die eine Armatur und der andere die andere.

Manchmal musst du 10 Kilometer Anfahrt berechnen und manchmal auch 20 Kilometer. Manchmal musst du den Boden erst nivellieren und manchmal auch nicht.

Du verstehst das Prinzip, oder?

Natürlich gibt es von Baustelle zu Baustelle Abweichungen, aber unterm Strich baut dein Betrieb Komplettbäder und dem Fliesenleger ist es egal, ob er nun schwarze oder weiße 30x60-Fliesen legt.

Wenn du das so machst, dann gehen dir deine Mitarbeiter nicht mehr pausenlos auf die Nerven, weil sie keine Rückfragen haben – es gibt ja keine. Sie brauchen auch nicht heute eine Stunde oder morgen 8 Stunden für 10 Quadratmeter Fliesen.

Deine Kunden meckern auch nicht mehr pausenlos herum. DU kannst ihnen genau sagen, was du als Betrieb kannst und was nicht. Sie bekommen also zu 100% das, was sie erwartet haben, und sind deshalb zufrieden.

Du brauchst dir keinen Kopf mehr darüber machen, wie du jetzt bestimmte Arbeiten berechnest, oder wem du eine bestimmte Aufgabe gibst.

Du brauchst dich auch nicht auf die Suche nach sogenannten „Allroundern" zu begeben, denn du weißt genau, was ein neuer Mitarbeiter können muss, wenn dein bisheriger Trockenbauer kündigt. Du kannst dem Kunden im Vorfeld exakt sagen, was es kostet und du weißt exakt, was am Ende in deiner Tasche bleibt.

Diese ganze Herrlichkeit klappt natürlich nicht, wenn du dich als Mädchen für alles darstellst, jeden Auftrag annimmst, der dir zufliegt und deinen Mitarbeitern den ganzen Kram vor die Füße knallst, in der Hoffnung, dass am Ende schon alles gut wird.

Warum habe ich diese Buchreihe geschrieben? Warum gerade diese Themen? Das sind die möglichen Schwachstellen!

Die Schwachstellen lauten: Mitarbeiter, Prozesse (Abläufe), Kunden, Kalkulation, Zeitmanagement

Manche wissen nicht, wie sie vom Angestellten zum Selbstständigen werden. Andere haben kein unternehmerisches Gespür und brauchen dafür mal ein Crashkurs und wieder andere begehen genickbrechende Fehler selbstständiger Handwerker. Also habe ich diese drei Themengebiete noch obendrauf gepackt - quasi als Bonus.

Im Ergebnis kamen 8 Bücher heraus, die zusammen die Buchreihe „Erfolgskompass Handwerk" gebildet haben.

Du glaubst mir nicht, dass das stimmt? Du glaubst mir nicht, dass die meisten Ursachen, die sich in den oben genannten Schwachstellen widerspiegeln ein Marketingproblem sind?

Ich nehme die Herausforderung an!

Das Problem: Schlechte Mitarbeiter

Du verbringst sehr viel Zeit eines Tages damit, mit Mitarbeitern zu telefonieren, weil ständig Rückfragen aufkommen.

Warum kommen Rückfragen auf?

Entweder deine Mitarbeiter sind nicht kompetent genug, die Aufgaben auszuführen, für die du sie eingestellt hast oder du gibst ihnen Aufgaben, die sie noch nie oder erst selten gemacht haben.

In beiden Fällen fehlt das Know-How. Hast du jetzt einen Fehler gemacht, weil du die falschen Mitarbeiter eingestellt hast oder hast du einen Fehler gemacht, weil du ihnen die falschen Aufgaben gegeben hast?

Der Grund ist scheißegal. Die Lösung für diese Probleme darf nämlich auf keinen Fall sein, dass du wie ein Kindermädchen den ganzen Tag am Telefon hängst und ihnen jeden Handschlag erklärst, von dem du ausgehst, das er richtig ist.

Du hast die Verantwortung für den Betrieb und nicht dafür, dass ein Mitarbeiter eine Aufgabe ausführt, für die du ihn eingestellt hast. Warum gibst du ihnen denn die falschen Aufgaben oder warum hast du die falschen Mitarbeiter eingestellt?

Wenn du exakt weißt, was du verkaufst, weißt du auch exakt, welche Kunden auf dich und welche Aufgaben auf deine Mitarbeiter zukommen und weißt demnach auch exakt, welchen Anspruch an

Know-How du an deine Mitarbeiter hast.

Du buckelst dich also Krumm, weil dein Mitarbeiter nicht weiß, was er machen soll, weil du ihm die falsche Aufgabe gegeben hast.

Die falsche Aufgabe hattest du nur deshalb zu vergeben, weil du einen Auftrag angenommen hast, den du überhaupt nicht hättest annehmen sollen.

Du hattest aber die Gelegenheit ihn anzunehmen, weil der Kunde dachte, dass du das als Betrieb kannst. Warum dachte er das? Weil du dich am Markt falsch positioniert hast. Andernfalls wäre er gar nicht auf Idee gekommen, dich damit zu beauftragen.

Egal wie du es drehst und wendest. Am Anfang der Problemkette steht ein Marketingproblem und am Ende der Kette sitzt du nachts um 22 Uhr mit Bluthochdruck im Büro.

Du kannst deine Zeit in dem Fall optimieren, wie du möchtest. Das spielt keine Rolle, denn das ändert nichts an den Rückfragen. Die Rückfragen, die deine Zeit verschwenden.

Selbstverständlich gibt es auch einfach Pfeifen unter Mitarbeitern, aber ich habe auch nicht behauptet, dass alle Probleme auf das Marketing zurückzuführen sind, sondern nur die meisten.

Und wenn der Mitarbeiter wirklich so eine riesige Pfeife ist, warum arbeitet er dann noch bei dir?

Deshalb habe ich ein Buch über Mitarbeiter geschrieben, das deine Probleme lösen wird, falls du ein Mitarbeiterproblem hast. Dieses Buch hier wird auch deine Probleme lösen, wenn du wirklich ein Problem im Bereichen Zeitmanagement hast.

Ich habe aber genau wie hier ebenfalls hergeleitet, warum es eben kein Mitarbeiterproblem bzw. Zeitmanagementproblem sein könnte, sondern ein Marketingproblem, obwohl es auf den ersten Blick wie ein Mitarbeiterproblem bzw. Zeitmanagementproblem aussieht.

Das Problem: Chaotische Prozesse (Abläufe)

Du verbringst sehr viel Zeit deines Tages damit, dir zu überlegen, wann wer wohin fährt, was er dort tut und wie lange er dafür brauchen könnte.

Der Sachverhalt bei den Mitarbeitern war relativ simpel, oder? Bei den Prozessen ist es schon ein kleines bisschen komplexer.

Dass du als Chef die Verantwortung dafür hast, wer wann wohin fährt und was er dort wie lange macht, ist prinzipiell nichts Schlechtes.

Die Frage ist in diesem Fall nicht, ob du dich damit beschäftigst, sondern wie lange. Denn wir wollen ja herausfinden, ob es ein Problem des Zeitmanagements ist.

Wieso brauchst du so lange dafür?

Die Aufgaben sind doch klar. Du weißt, welcher Mitarbeiter für welche Aufgabe zuständig ist und wie lange er dafür benötigen wird. Warum fällt es dir also so schwer bzw. warum ist das so zeitintensiv?

In einem normalen Betrieb, der wie oben beschrieben Komplettbäder baut gibt es eine begrenzte Anzahl an Mitarbeitern und eine begrenzte Anzahl an Aufgaben, die in einem Bad erledigt werden können.

Im Regelfall sind die Rollen klar verteilt:

Du hast einen für den Abriss, einen Installateur, einen Elektriker, einen Trockenbauer, einen Fliesenleger und einen Maler. Für jeden hast du einen zeitlichen Richtwert festzulegen und diese Zeitblöcke so zu kombinieren, dass der Tag voll wird. Easy oder?

Es wird nur aus folgenden Gründen schwer:

1. Du lässt ständig verschiedene Personen verschiedene Aufgaben machen. Eine Einschätzung über die Aufgabendauer wird schwierig.

2. Du hast kein klares Angebot. Aus einem unklaren Angebot folgenden unzählige Arten von Aufgaben die in ihrer Dauer (und auch Qualität) nicht prognostizierbar sind. Kurz: Du nimmst jeden Auftrag an und hoffst das Beste. Glücksspiel!

Aus gutem Marketing folgt eine klare Positionierung.

Aus einer klaren Positionierung folgen identische Aufträge.

Aus identischen Aufträgen folgen wiederkehrende Prozesse.

Aus wiederkehrenden Prozessen folgt Planbarkeit.

Auch in diesem Fall kannst du deine Zeit optimieren, wie du möchtest. Das spielt auch hier keine Rolle, denn die Komplexität deiner Abläufe verschwendet deine Zeit. Planung in eine derartige Komplexität zu bringen ist mehr oder weniger unmöglich.

Wie sieht der Normalfall aus?

.

Du nimmst den Auftrag an. Gibst deinen Mitarbeitern die Daten und der Auftrag läuft automatisch bis zur Zahlung der Schlussrechnung durch die verschiedenen Prozessschritte (wie bspw. das Fliesenlegen oder die Elektroinstallation).

Klar wird es manchmal hektisch und Sachen können schief gehen. Die Frage ist, ob das eine Ausnahmesituation oder Alltag ist. Und nein, das gehört nicht zum Alltag und der Normalität bei Handwerksbetrieben.

Das gehört lediglich zur Normalität von Handwerksbetrieben, die sich nicht um ihr Marketing kümmern.

Auch hierfür gibt es selbstverständlich wie immer ein Buch.

Das Problem: Nervige Kunden

Du verbringst sehr viel Zeit damit, Kunden zu entemotionalisieren, weil etwas schiefgelaufen ist oder du bestimmte Termine nicht einhalten konntest.

Das Handy klingelt mal wieder sturm. Genervte Kunden sind am Telefon, weil etwas schiefgelaufen ist. Ungeduldige Kunden rufen jeden Tag an und fragen, ob und wann jemand kommt – Horror!

Grundsätzlich betrachtest du diese Situation jetzt mal aus der Vogelperspektive.

Warum sind die Kunden genervt oder ungeduldig?

Sie hatten bei der Auftragsvergabe eine bestimmte Erwartung an einen zeitlichen Horizont, an die Qualität der Arbeit, an den Ablauf des Projekts usw.

Warum hatten sie diese Erwartung?

Weil du ihnen im Vorfeld ein Versprechen gegeben hast, indem du ein Angebot gemacht hast. Ja, vielleicht wurde kein Termin vereinbart oder nur ein grober Zeithorizont prognostiziert. Egal ob du oder die Kunden es ausgesprochen haben oder nicht. Sie hatten ganz bestimmte Erwartungen - wie du auch.

Du hattest die Erwartung, dass er dir nicht pausenlos auf den Sack geht. Hast du ihm das auch so gesagt? Wahrscheinlich nicht.

Du hast lediglich gehofft, dass deren unausgesprochene Erwartungen identisch zu deinen unausgesprochenen Versprechen sind. Wahrscheinlich hast du dir bei vielem gedacht, dass sich das von selbst versteht. Streng genommen hast du bei dieser Betrachtungsweise also gepokert bzw. hast du dich rückblickend verpokert, weil die Kunden jetzt unzufrieden sind.

Im schlimmsten Fall hast du die Kunden bzgl. Qualität oder Termin bewusst getäuscht – dann wärst du ein Betrüger. Im besten Fall wusstest du es einfach nicht besser und hast nach bestem Wissen und Gewissen gehandelt.

Wie kannst du dich derartig vertun?

Du hast wahrscheinlich wieder ein Angebot für einen Auftrag abgegeben, das du nicht hättest annehmen sollen. Du hast keine Ahnung, ob und wie deine Mitarbeiter das hinbekommen und wie lange sie brauchen. Parallel zu drei weiteren Baustellen, wo das so läuft. Das dauerhaft klingelnde Telefon ist also vorprogrammiert.

Wozu führt das auf lange Sicht?

Die „guten" Kunden werden dich kategorisch ablehnen, denn bei dir läuft alles drunter und drüber und du bist terminuntreu etc. Das zieht Problemkunden an, die Aufträge zu vergeben haben, die keiner haben möchte. Die Auftragsbücher werden leerer.

Du nimmst die Kunden also trotzdem an. Du bist also nicht mehr die erste Wahl, sondern die letzte Rettung und schon befindest du dich in einem sehr ekligen Teufelskreis (siehe Buch: Auftragsbücher voller Wunschkunden).

Vielleicht sind es auch gute Kunden, aber eben gute Kunden, die nicht zu deinem Unternehmen und deinem Angebot passen.

Hast du ein klares Angebot, dann hast du eine klare Vorstellung von einem perfekten Kunden (wie oben beispielsweise der Kunde, der ein Komplettbad benötigt). Weißt du, wer dein perfekter Kunde ist, kannst du auch genau diesen ansprechen. Du weißt, welche Qualität du liefern kannst und wie lange du dafür brauchst.

Dein Versprechen und seine Erwartung sind also mit hoher Wahrscheinlichkeit identisch. Deshalb werden auch deine Lieferung und sein Erlebnis identisch sein, weil du exakt weißt, was passieren wird.

Versprechen, Erwartung, Lieferung, Erlebnis. Ausgesprochen und unausgesprochen. Du hast mit Sicherheit keine Ahnung, was ich dir damit sagen möchte, stimmts? Das ist eine wahnsinnig geile Methode, die zu extrem hoher Kundenzufriedenheit führt.

Rate mal, wo du mehr darüber erfahren kannst. Richtig – ich habe ein Buch darüber geschrieben!

Das Problem: Falsche Kalkulation

Du verbringst sehr viel Zeit in deinem Betrieb, weil du ständig finanzielle Löcher stopfen musst.

In diesem Fall ergeben zwei Faktoren eine explosive Mischung. Du schaust in deinen Briefkasten und die Rechnungen häufen sich. Die Steuer kam mal wieder völlig unerwartet. Im schlimmsten Fall sind schon Konten gepfändet.

Die erstbeste Strategie, zu der sich die meisten in diesem Fall hingezogen fühlen ist, die finanziellen Löcher durch noch mehr Arbeit zu füllen. Warum verbringst du also so viel Zeit in deinem Betrieb?

Du lebst nach der Formel: Mehr Arbeit = mehr Geld. Aus zu wenig Geld folgt also noch mehr Arbeit!

Wenn du mit einer 40-Stunden-Woche von dir und deinen Mitarbeitern keinen planmäßigen Gewinn erwirtschaftest, scheint wohl irgendetwas an deiner Kalkulation nicht aufzugehen. Warum könnte deine Kalkulation also nicht aufgehen?

Option 1: Du verwendest die falsche Kalkulation.

Viele Handwerksbetriebe verkalkulieren sich dermaßen, weil sie schlichtweg die falschen Rechnungen machen. Sie vergessen die Steuer. Sie wissen nicht, was eine Stundensatzrechnung ist. Mit Prozesskostenrechnung fange ich erst gar nicht an. In dem Fall liegt die Ursache tatsächlich in der Kalkulation als solches. Du weißt, wo du eine Lösung findest.

Option 2: Deine Kalkulation ist perfekt und die Ursache sind falsche oder fehlende Daten.

Deine Daten sind nicht vorhanden oder falsch, weil du genau die Probleme hast, die ich in den vorherigen Abschnitten beschrieben habe.

Du kalkulierst beispielsweise 20 Stunden und für Fliesenarbeiten und bestimmte Materialkosten. Dein Fliesenleger braucht leider 32 Stunden und darf aufgrund von Reklamationen noch 6 Stunden nacharbeiten (Materialkosten zur Reklamation kommen noch obendrauf.)

Du hast also keine wiederkehrenden Prozesse. Entsprechend kannst du die Qualität deiner Mitarbeiterleistung und den Zeitaufwand nicht einschätzen. Warum hast du keine wiederkehrenden Prozesse?

Weil du dich nicht richtig positionierst. Vielleicht bist du auch einfach zu billig, weil du keine Konkurrenzanalyse gemacht hast. Vielleicht positionierst du dich auch einfach als Arbeitgeber gegenüber potenziellen Mitarbeitern nicht attraktiv genug und bekommst deshalb nur das Fallobst ab. Die Gründe können verschieden sein.

Fakt ist: Wenn du nicht grundlegende Fehlkalkulationen machst, weil du keine oder die falschen Kalkulationsarten anwendest, ist der Kern auch hier ein Marketingproblem.

Das Problem: Zeitmanagement

Du bist den ganzen Tag in deinem Betrieb gefangen und weißt überhaupt nicht, welchen Brand du als erstes löschen sollst. Ohne dich läuft einfach gar nichts.

Ich möchte dir nicht unnötig auf die Nerven gehen und das Buch in die Länge ziehen.

Wenn dein Problem tatsächlich im Kontext von Zeitmanagement zu suchen ist, hoffe ich, das Buch hat dir bis hierher geholfen.

Wenn dein augenscheinliches Zeitmanagement-Problem in Wahrheit auf anderen Gründen basiert, habe ich dir in den letzten Abschnitten genügend Denkanstöße gegeben.

Jedes der oben genannten Probleme begann mit: „Du verbringst sehr viel Zeit mit,…".

Die Ursache lag entweder in dem jeweiligen Teilbereich oder war auf ein Marketingproblem zurückzuführen!

Mehr habe ich an dieser Stelle und in diesem Buch nicht zu dem Thema Zeitmanagement zu sagen.

Glaubst du es mir jetzt?

Glaubst du mir jetzt, dass viele dieser Probleme im Grunde genommen aus einem Marketingproblem resultieren?

Ich kenne beispielsweise persönlich einen hervorragenden Fliesenleger. Er möchte aber nicht nur Fliesen legen, er möchte auch Böden legen und Decken bauen und verputzen.

Warum will er das? Weil sein ehemaliger Chef genau das gemacht hat: Dieser Mann hat als Fliesenleger begonnen. Hat sein Geschäft auf Komplettbäder erweitert und später hat er Komplettsanierungen gemacht.

Da hat die Kasse natürlich ordentlich geklingelt.

Er möchte also zeigen, dass er nicht nur Fliesen legen kann, sondern auch komplette Bäder bauen oder komplette Innenräume sanieren kann. Stellen wir mal die rechtlichen Fragen an die Seite. Er wollte also nicht als Fliesenleger sondern als „Michaels Handwerk" firmieren. Er heißt in Wirklichkeit nicht Michael aber in diesem Buch schon.

Was denkst du, wie viele Kunden, die Fliesenleger suchen „Michaels Handwerk" ansprechen werden und wie viele Kunden „Michaels Fliesenarbeiten" ansprechen werden?

Versetz dich in die Lage des Kunden. Was soll er aus „Michaels Handwerk" herauslesen? Woher soll er wissen, was die Kompetenz dieses Betriebs ist? Vielleicht verbirgt sich hinter „Michaels Handwerk" ja auch ein Schreiner oder ein metallverarbeitender Betrieb. In aller erster Linie wirkt es auf den Kunden wie „Mädchen für alles - Ich kann nichts wirklich gut, aber ich versuche mich an jeder Arbeit."

Im Handwerk gilt die Regel, wer durch seine Positionierung mehr Kunden ansprechen will, muss eine enge Positionierung haben.

Bevor du dich als Handwerker am Markt positionierst, musst du dich fragen, als was du dich positionierst. Mit einem exakten Angebot wirst du auch nur Kunden anziehen, die du möchtest bzw. den du auch wirklich helfen kannst.

Du wirst in der Lage sein, eine bestimmte Art Kunde sehr zufrieden zu machen. <u>Ohne Positionierung wirst du nach dem Gießkannenprinzip natürlich mehr Kunden ansprechen.</u> Ist auch logisch, weil eine klare Positionierung auch dafür sorgt, dass man bestimmte Kunden ausschließt, bevor man überhaupt mit ihnen gesprochen hat und genau hier liegt ein fatales Fehldenken vieler Handwerkern, das ich immer wieder sehe.

Und hier komme ich zu dem Entschluss, dass mindestens 90% der Probleme selbstständiger Handwerker in Deutschland auf das Marketing zurückzuführen sind.

Ich spreche andauernd von Marketing. Weißt du überhaupt, was das ist? Ich hoffe du bist keiner der Personen, die Marketing als ein Synonym für Werbung halten. Sollte das doch der Fall sein, ist es glaube ich höchste Zeit.

Was genau ist eigentlich Marketing?

Marketing ist so sehr viel mehr als Werbung. Marketing beschäftigt sich mit allem, was mit dem Markt zu tun hat. Marketing kommt nämlich von „Markt".

Was ist ein Markt?
Ein Markt ist ein Ort, an dem Angebot und Nachfrage aufeinander-treffen und auf diese Art ein Preis entsteht. Du, der Kunde und der Preis.

Du bestehst aber nicht nur aus dir selbst, sondern auch z.B. aus Mitarbeitern und deinem Baustoffhändler – alles was dein Ange-bot beeinflusst. Du stehst auch im Kontrast zu deinem Konkurren-ten – bspw. in puncto Preis und Qualität.

Wenn du einer von 20 Fliesenlegern bist, befindest du dich im Preiskampf. Du kämpfst also ums Überleben. Herzlich Willkom-men im Projektgeschäft, bei dem sich Estrich-Firmen gegenseitig die Preise kaputt machen.

Wenn du der eine Fliesenleger bist, der eine bestimmte Verlege-technik perfekt beherrscht, dann kannst du die Preise diktieren.

Marketing betrachtet also alles: Die Kunden, die Konkurrenten, die Mitarbeiter, die Marke, die Preise, das Handwerk, die Werbung usw. Werbung ist, plump gesagt, nur die Öffentlichkeitsarbeit des Marketings – „die Präsentation der Ergebnisse".

Marketing ist die optimale Befriedigung von Kundenbedürfnissen. Die Basis hierfür ist die systematische Gestaltung von Marketingstrategien und – zielen.

Dein Kunde hat ein Bedürfnis nach deinem Handwerk. Ebenso hat er eine Preisvorstellung. Er möchte dir einen Auftrag in dem richtigen Umfeld geben und muss vielleicht auch erstmal wissen, dass er das Bedürfnis nach diesem Auftrag hat.

Er hat das Bedürfnis und bestimmte Erwartungen an deine Mitarbeiter und wie die Arbeit ablaufen soll. Die Kundenbedürfnisse kannst du nur optimal befrieden, wenn dein Handwerk aus optimalen und reproduzierbaren Prozessen besteht!

Er will etwas von einem Handwerker. Warum sollst du es sein und nicht ein Konkurrent? Du musst dich gegenüber deinen Konkurrenten positionieren und differenzieren!

Das alles ist Marketing! Ein sau geiles Thema! Aber leider wird es in der Berufs- und Meisterschule total vernachlässigt. Deshalb begehen die meisten Handwerksbetriebe hier unfassbare Fehler, die teilweise auch Existenzen kosten können.

Vielleicht erinnerst du dich an die Geschichte von dem Handwerkerkind, die ich dir zu Beginn des Buchs erzählt habe...

Es hat ein Grund, warum ich mich so in dieses Thema hereingefuchst habe. Ich hatte das Problem, dass ich verstehen wollte, warum manche Handwerker so locker erfolgreich sind, während andere sich Tag für Tag abrackern und am Ende doch nichts hängen bleibt. Die Lösung ist in meinen Augen Marketing. Egal, wie ich es drehe und wende.

Diese ganzen Faktoren hängen miteinander zusammen und beeinflussen sich gegenseitig.

Man kann also vergessen, diese Punkte separat zu betrachten. Außer es ist wirklich durch Zufall gegeben, dass alles perfekt ist und nur ein winziger Fehler passiert.

In aller Regel beginnt das Problem im Marketing. Es weitet sich auf deine Kunden aus und frisst sich in die Ebenen der Mitarbeiter, der Preise und der Kalkulation hinein.

Das sind Folgefehler!

Zeitmanagent bringt nur etwas, wenn du ein Optimierungsproblem hast. Marketing ist ein strukturelles Problem und erinnere dich an die Zeit- und Aktivitätenanalyse.

Der erste Schritt ist eine Bestandsaufnahme. Der zweite Schritt eine Restrukturierung und der dritte Schritt ist dann die Optimierung.

Und genau so ähnlich würde unsere Zusammenarbeit ablaufen. Ich erkläre dir das mal kurz.

Macher machen, Schwätzer schwätzen

Du wirst es nicht erleben, dass ich auf dich zukomme. Das habe ich glaube ich zu genüge mit diesem Buch getan.
Wenn du das Bewusstsein verspürst, dass bei dir etwas nicht rund läuft, meldest du dich bei mir.

Schreibe mir bei Instagram, ruf mich an oder buche dir über meine Webseite einen Termin.

Kontakt

Erst
Herant-

Ich bin nicht G
nicht jedem Helf
sic

Wir telefonieren m
dein Probler
Rahmenbedingu
kann (Daue

Ich arbeite
wenn e
m

Workshop

Works

Du bekor
genaue A
Wo

Sc

kann
nicht jeder möchte
n lassen.

der. Du erklärst mir
wir klären die
nd ob ich dir helfen
5-30 Minuten).

it dir zusammen,
eide Seiten Sinn

chauen dir
au unters
Röckchen

eleuchten deinen Betrieb
insam im Rahmen eines
is ins Detail. Dieser dauert
R. 1-2 Tage.

on mir im Vorfeld eine
g, wie du dich auf den
vorbereiten musst.

ich eine Datenbasis.

5
Dauerhafte Zusammen-arbeit

Nur für Kunden mit echtem Potenzial!

4
Marketing-strategien

Der Masterplan

Ich erartbeite für dich eine mehrdimensionale Marketingstrategie, die perfekt auf dich, deinen Betrieb und dein Umfeld zugeschnitten ist.

Wir gehen das Maßnahmenpaket Schritt für Schritt durch und ich stehe dir bei Verständnisfragen zu Verfügung.

Die Umsetzung liegt in deiner Verantwortung!

.•ꞏ attacke handwerk.

KAPITEL 5

NACHWORT

Nachwort

Du bist fast am Ende meines Buches angekommen! Weißt du noch, wie ich heiße? Richtig, mein Name ist Florian Veit, und ich bin der Gründer von Attacke Handwerk. Ich schreibe Bücher mache Marketing für Handwerker.

Du hast dieses Buch gekauft, weil du keine Lust mehr hast, ein ständiger Sklave deiner Selbstständigkeit zu sein.

Selbstständig bedeutet nicht selbst und ständig, sondern Selbstständigkeit bedeutet, dass man für sich selbst einsteht!

Zeit ist die wertvollste Ressource, die wir im Leben haben und um diese bestmöglich nutzen zu können, wenden wir die Methoden des Zeitmanagements an. Hast du das Gefühl, du verstehst jetzt, wie das funktioniert? Lass mich alles noch einmal kurz für dich zusammenfassen, damit es keine Missverständnisse gibt.

Ob erfolgreiche und entspannte Selbstständige diese Methoden nun instinktiv oder bewusst und gelernt anwenden, ist egal. Sie haben alle eine Gemeinsamkeit: Sie wenden sie an! Denn würden sie es nicht tun, würden sie im dauerhaften Chaos versinken.

Wie funktioniert Zeitmanagement?

Zeitmanagement bedeutet nichts weiter als der Umgang mit unserer Zeit und das ist das Ziel das Buch.

Es gibt grundlegende Regeln und Arbeitsweisen, die ab sofort deine Art zu Arbeiten definieren sollten. Egal es das Setzen von Prioritäten, die Verwendung einer To-Do-Liste, das schnelle Entscheiden oder das simple „Nein sagen" ist. Du hast das Buch aufmerksam gelesen und kennst diese Grundkenntnisse.

Nachdem du diese grundlegenden Regeln kanntest, habe ich dir Methoden zur praktischen Umsetzung an die Hand gegeben. Du planst deinen Tagesablauf mit der ALPEN-Methode. Langfristig priorisierst du deine Aufgaben mit der ABC-Methode und zur kurzfristigen Brandbekämpfung verwendest du die Eisenhower-Matrix.

In regelmäßigen Abständen nimmst du dir Zeit zur Selbstreflexion und um die maximale Effizienz aus deiner Zeit herauszuholen verwendest du die Zeit- und Aktivitätenanalyse. Hiermit kannst du auf Fehlersuche innerhalb deiner Tagesorganisation gehen, deine Tagespläne restrukturieren und letztendlich optimieren.

Das ist alles! Alles was in Bezug auf Zeitmanagement über dieses Know-How hinaus geht, ist etwas für Wissenschaftler oder CEOs von DAX-Konzernen.

Die wichtigste Erkenntnis, die du allerdings erlangt haben solltest, ist, dass du niemals verschwenderisch mit der Ressource Zeit umgehen solltest.

Denk dran: Zeit ist das kostbarste Gut.

Und genau aus diesem Grund solltest du deine Zeit nicht damit verschwenden, etwas zu optimieren, was nicht zu optimieren ist, denn dein Problem hat oft andere Ursachen.

Wenn du in die falsche Richtung fährst, dann bringt es dir nichts, ob du mit 100 oder 200 km/h fährst. Du wirst dein gewünschtes Ziel nicht erreichen.

Auch wenn es sich für dich so anfühlt, als wären deine Mitarbeiter, deine Kunden oder deine eigene Kompetenz mit Zeit zu wirtschaften der Grund dafür, dass du dich ständig von deiner Selbstständigkeit erdrückt fühlst.

Geht man tiefer ins Detail und betreibt Ursachenforschung stellt man oftmals fest, dass der eigentliche Grund – der Ursprung allen Übels – ein Marketingproblem ist.

Das ist ein super interessantes Phänomen. Menschen wie du kommen zu mir und erklären mir, dass sie ein Problem mit ihren Mitarbeitern haben. Ich höre mir den Sachverhalt an und die Sache liegt auf der Hand.

Diese Menschen haben nur selten ein wirkliches Problem mit ihren Mitarbeitern. Das Kernproblem liegt darin, dass ihre Mitarbeiter jeden Tag irgendeine andere Arbeit bewerkstelligen sollen, die sie unter Umständen noch nie in ihrem Leben gemacht haben.

Dass das zu Unzufriedenheit bei Mitarbeitern und Kunden führt ist doch klar. Und bei wem wird der ganze Frust und die schlechten Ergebnisse abgeladen? Richtig! Bei den Chefs! Und sie überlegen sich dann, wie sie besser mit ihrer Zeit wirtschaften können, damit sie all die daraus resultierenden Probleme lösen können.

Nein! In dem Fall müssen sie sich einfach mal sauber am Markt positionieren und nur Arbeiten annehmen, die sie als Unternehmen auch wirklich bewerkstelligen können.

Das ist Marketing!

Und wenn ich dann mit diesen Selbstständigen gemeinsam einfach nur mal den Kompass in eine andere Richtung drehe, lösen sich deren Probleme quasi in Luft auf. Kein Witz!

Und das wünsche ich mir auch für dich!

Ich wünsche mir, dass du der bekannteste und beliebteste Handwerksbetrieb in deiner Region wirst.

Ich wünsche mir, dass du keine Geldsorgen mehr hast und deine Kunden deine Arbeit endlich wertschätzen.

Ich wünsche mir, dass du wie ein normaler Mensch zum Abendessen zu Hause bist.

Ich wünsche mir, dass du im Sommer mit deinen Kindern am Strand spielen kannst, ohne dass dein Handy permanent klingelt.

Du hast nur 18 Sommer, die du mit deinen Kindern genießen kannst, und diese solltest du auch nutzen.

In dieser Zeit solltest du nicht von nervigen Mitarbeitern, unzufriedenen Kunden und Bergen von Rechnungen vereinnahmt sein. Wenn man sich selbst in diesem Sog des Alltags befindet, merkt man oft nicht mehr, wie es einem geht. Aber ich kenne das Gefühl, auf der anderen Seite zu stehen. Ich kenne es diese 18 Sommer alleine zu verbringen. Glaub mir, es ist zum Kotzen!

Deshalb werde ich es nicht akzeptieren, dass du die gleichen Fehler machst, wie mein Vater. Ich werde es nicht akzeptie¬ren, dass du als hervorragender Handwerker keinen Spaß mehr an deinem Beruf hast, nur weil du ein schlechtes Marketing hast.

Und das ist auch kein Vorwurf! Versteh mich bitte nicht falsch! Wer soll es dir beigebracht haben? Die Berufsschule? Die Meisterschule? Hier hast du dein Handwerk gelernt und nicht, wie man ein Unternehmen führt.

Schon gar nicht hast du gelernt, was Marketing ist und wie es funktioniert. Und ja, ich weiß, in der Meisterschule gibt es auch einen BWL-Teil. Unter uns – das sage ich dir als Person, die den Kram studiert hat und sehr viele erfolgreiche selbstständige Handwerker kennengelernt hat - das kannst du vergessen. Das hat nichts mit der Praxis zu tun.

Wie gesagt, ich mache dir keinen Vorwurf. Wenn man es nicht besser weiß und nach bestem Gewissen das Richtige tut, kann einem kein Mensch der welt einen Vorwurf machen.

Einen Vorwurf könnte man dir nur machen, wenn du weißt, wo die Schwachstellen sind und du trotzdem nichts dagegen tust.

Und du weißt es jetzt! Wahrscheinlich hast du ein Marketingproblem.

Es ist Zeit, dass sich das ändert. Die Zeiten, in denen Handwerker jeden Mist machen konnten und die Auftragsbücher und Konten trotzdem voll waren, sind vorbei. Wir haben eine Wirtschaftskrise da draußen.

Die Zahl der Insolvenzen ist so hoch wie nie zuvor. Allein in diesem Jahr sind es fast 25 % mehr als im Vorjahr – nur in der Baubranche! Weißt du, was das bedeutet? Schau nach links, schau in den Spiegel und schau nach rechts. Das sind du und deine Wettbewerber – und mit sehr großer Wahrscheinlichkeit wird es mindestens einen davon in naher Zukunft nicht mehr geben.

Das sind doch nur ein paar Handwerker, oder? Ist doch egal, wenn da mal einer pleitegeht, denken sie sich bestimmt. Aber weißt du eigentlich, wie hoch der Umsatz der Baubranche in Deutschland ist? Fast 200 Milliarden Euro!

Knapp 20.000 Betriebe stehen mit fast 3 Millionen Handwerkern jeden Morgen auf der Baustelle und erwirtschaften so viel wie die

Weltkonzerne eBay, Facebook und Google zusammen.

Mit dem Unterschied, dass im Handwerk echte Werte geschaffen werden! Das ist die Wirtschaftsmacht von nebenan. Das sind nicht die Knallköpfe, die in Berlin in einem Starbucks die nächste Dating-App erfinden wollen!

Den Handwerkern ist es egal, für welchen Betrieb sie arbeiten, und den Bauherren ist es egal, welchen Betrieb sie beauftragen. Die Angestellten arbeiten nach einer Insolvenz eben woanders, und die Kunden beauftragen andere Betriebe.

Wo Gebäude sind, muss auch saniert werden. Und wo saniert wird, braucht man Handwerker.

Die Frage ist nur, in welchem Team du spielen willst. Links steht Team „Insolvenz", rechts steht Team „Marketing". Für welches Team entscheidest du dich?

Ich bin heute Morgen aufgewacht und hatte einen Traum. Ich träumte davon, dass nie wieder ein Handwerksbetrieb in Schieflage gerät, weil er es nicht schafft, sein Handwerk richtig zu verkaufen.

Ich habe mir ein Ziel gesetzt: Ich will Handwerkern dabei helfen, ihre Arbeit durch ansprechendes Webdesign und ge-zielte Marketingstrategien sichtbar zu machen, damit sie die Kunden erreichen, die sie verdienen.

Wenn du bis hierhin nicht verstanden hast, wie wichtig das ist, kann ich dir auch nicht mehr helfen. Aber wenn du es verstanden hast, dann gehe jetzt auf

www.attacke-handwerk. de

oder ruf einfach direkt bei mir an - meine Nummer hast du ja.

Ob ich dir helfen kann oder nicht, werden wir sehen. Aber du wirst niemals dort sitzen und dich fragen müssen, was gewesen wäre, wenn du dir einfach mal die 15 Minuten Zeit genommen hättest.

Wir telefonieren und du erklärst mir, was dich belastet und welche Ziele du verfolgst. Dann schauen wir gemeinsam, ob ich dir helfen kann oder auch nicht. Das war's.

Vielen Dank, dass du dieses Buch gekauft und gelesen hast.

Wenn es dir gefallen hat, würde ich mich natürlich sehr über eine positive Bewertung freuen.

Wenn es dir nicht gefallen hat oder du Verbesserungsvorschläge hast, lass es mich gerne wissen. Ich halte Kritik für etwas gutes. Denn Kritik ist eine Chance besser zu werden!

Folge mir gerne auf Instagram!

@attacke.handwerk

„Die Hände, die anpacken,
sind die Hände, die die Welt bewegen!"

Wir sprechen uns bald.

Beste Grüße

Florian Veit